POUR TOUT VOUS DIRE

Née en 1934 à Sacramento, en Californie, Joan Didion entre très jeune comme rédactrice au magazine *Vogue*, puis devient l'une des meilleures chroniqueuses de la scène politique et culturelle américaine. Elle a contribué régulièrement au *New Yorker* et à la *New York Review of Books*. Romancière, essayiste, journaliste et scénariste, elle a reçu pour *L'Année de la pensée magique* le prix Médicis de l'essai en 2007. Joan Didion est décédée le 23 décembre 2021 à New York.

JOAN DIDION

Pour tout vous dire

TRADUIT DE L'ANGLAIS (ÉTATS-UNIS) PAR PIERRE DEMARTY

Préface de Chantal Thomas, de l'Académie française

GRASSET

Titre original :

LET ME TELL YOU WHAT I MEAN
Publié par Knopf en 2021.

Une Californienne très particulière

> « Ma façon d'écrire,
> c'est ce que je suis ; ou suis devenue. »
>
> Joan DIDION,
> *L'Année de la pensée magique.*

Joan Didion est née dans les années de la Grande Dépression, le 5 décembre 1934, à Sacramento, la Ville-Rivière, capitale de l'État de Californie. À la différence de beaucoup d'Américains pour qui le lieu de naissance est relativement secondaire en raison de la grande mobilité de la population, Joan Didion se revendique Californienne, fille de Sacramento, modelée par un paysage, un climat, une architecture, et liée par ses ancêtres à l'origine de la ville. Sa famille, maternelle et paternelle, y habite depuis cinq générations, c'est-à-dire depuis le début même de Sacramento, sa fondation par John Sutter sous le nom de New Helvetia. Et la tradition rapporte que la grand-mère de l'arrière-grand-mère de Joan Didion faisait partie de la célèbre, et terrible, Caravane Donner, venue de l'Illinois en direction de l'Ouest, et des quelques personnes survivantes. Elle avait affronté cette horreur : à un moment, peut-être pour échapper à des attaques d'Indiens, les pionniers avaient voulu prendre un raccourci. Ils avaient échoué en plein hiver dans la Sierra Nevada. À moitié gelés, épuisés, affamés, les rescapés n'avaient survécu qu'en mangeant les morts. On se représente sans peine combien ce lointain récit pouvait être effrayant pour l'imagination de Joan enfant ; et au-delà (« Je suis hantée par le cannibalisme de la Caravane Donner », déclare-t-elle en 1970 à l'écrivain Alfred Kazin[1]).

La petite fille et son frère, Jim, habitaient une maison sombre, le poids des siècles y était sensible : « Cette prédilection pour "l'ancien", écrit Joan Didion, se retrouvait dans tous les domaines de notre vie quotidienne : les fleurs séchées avaient plus de charme que les fraîches, les estampes devaient être un peu passées[2]. » La petite fille joue avec des poupées de papier aux silhouettes surannées, les vêtements qu'on lui choisit ont une « composante préraphaélite, médiévale ». Les enfants rendent visite à leurs grands-parents, à des tantes, des oncles, une vaste parentèle âgée où se chuchotent des récits du passé et des rumeurs inquiétantes. L'actualité abonde en faits divers macabres. Joan, fillette maigre et anxieuse, timide, renfermée, est une lectrice assidue des journaux

1. Tracy Daugherty, *The Last Love Song. A Biography of Joan Didion*, St Martin Press, 2015.
2. *Sud & Ouest, Carnets*, traduit par Valérie Malfoy, Grasset, 2018, p. 145.

intimes et romans qui racontent la conquête de l'Ouest. À cinq ans, elle commence de noter ses impressions sur un cahier offert par sa mère. Elle appartient à ce pays des ombres et du déclin transmis par la mémoire familiale, si peu en accord avec l'image de la Californie comme royaume du soleil et de l'oubli, art de demeurer *cool* quoi qu'il arrive. Un stéréotype fort réducteur pour un territoire extrêmement varié qui, bordant le Pacifique, s'étend sur près de 1 450 kilomètres à partir de la frontière mexicaine. Une image publicitaire dont Joan Didion, plus tard, s'attachera à dénoncer le leurre.

On a inculqué à Joan Didion un savoir du Mal. Celle-ci a grandi convaincue que « le cœur des ténèbres ne réside pas dans une mauvaise organisation sociale mais dans le sang même des hommes. Si l'homme était voué à errer, alors toute organisation sociale était vouée à rester dans l'erreur[1] ». L'errance, le naufrage, la débâcle solitaire ou en groupe, la folie meurtrière font partie de notre horizon. Le désert grouille de serpents. C'est ainsi. Aucune révolution politique n'y pourra rien changer. Mais cette noire vision, centrée sur un cœur des ténèbres identique au cœur de l'homme, ne s'est pas imposée à la petite Joan comme unique interprétation du monde, tragique fatalité.

Le père de Joan, qui a intégré l'armée de l'air en 1941, est conduit à occuper une succession de bases militaires (Fort Lewis dans l'État de Washington,

---

1. *L'Amérique, Chroniques 1965-1990*, traduit par Pierre Demarty, Grasset, 2009, p. 20.

Durham en Caroline du Nord, Peterson Field dans le Colorado). Il y promène une tristesse envahissante que Joan et son frère tentent de fuir dans les salles de cinéma. La famille déménage souvent avant de revenir définitivement, en 1943, à Sacramento. Ces années d'instabilité, hors scolarité suivie, développent chez Joan le sentiment d'être « une marginale ».

La fillette se promet de ne pas se contenter de répéter. Elle mise sur la liberté d'inventer sa vie.

Dans la demeure familiale close et empoussiérée, on apporte parfois des colliers de fleurs d'hibiscus, des jupes en raphia, d'étranges coquillages, souvenirs de vacances à Honolulu : « Je me rappelle que "venues par avion" était une expression souvent usitée au cours de mon adolescence à Sacramento, juste "venues par avion", le point de départ était inexprimé, implicite[1] ». Elle ajoute : « Le romantisme de ces choses hawaïennes a coloré mon enfance californienne. » Un romantisme exotique qui redouble le romantisme passéiste dans lequel baigne sa famille, mais qui, aussi, fait signe que le monde est vaste, qu'il peut être excitant de le parcourir et d'en rendre compte.

Une idée fixe, une ferveur, encouragées par sa mère, animent Joan Didion : le désir d'écrire. La volonté de maîtriser une technique, de toucher à une virtuosité. Et celles-ci n'ont rien à voir avec le romantisme. Au contraire. Joan Didion est foncièrement antiromantique. Adepte d'un style direct,

---

1. *Sud & Ouest, op. cit.*, p. 150.

sans fioritures ni préciosités. Elle restera toujours fidèle à son premier modèle : Ernest Hemingway. À l'âge de douze ans, elle recopie à la machine le premier paragraphe de *L'Adieu aux armes*. Pour mieux comprendre d'où provient sa force narrative, pour faire sienne son efficacité. Elle médite la théorie de l'écrivain selon laquelle « il est possible d'omettre n'importe quelle partie d'une histoire à condition que l'auteur l'ait décidé ». Le lecteur gagnant en émotion ce qu'il a perdu en compréhension. Le beau texte de Joan Didion sur la fin de Hemingway, « Derniers mots », constitue en sa concision, son humanité, sa hauteur d'inspiration, un formidable hommage à celui dont elle sut tirer un enseignement définitif.

Les cours de littérature anglaise, dans les années somnolentes d'avant 1968, n'apportent à Joan Didion aucune révélation. Elle y assiste, muette et morose. Mais un événement merveilleux va l'arracher à cette torpeur : elle gagne le Prix de Paris organisé par *Vogue*. Le prix comprend une proposition de travail dans ce prestigieux magazine. Joan Didion quitte d'un coup le statut d'étudiante. Elle prend l'avion pour la première fois, elle s'envole : « Une semaine plus tôt, à vingt et un ans, je broyais du noir à Berkeley, dans mes baskets et mon imperméable vert, et voilà que j'étais devenue une Voyageuse Transcontinentale, déjeunant d'un rôti de dinde Beltsville avec Farce et Sauce aux Abats[1]. »

---

1. *Sud & Ouest, op. cit.*, p. 139,

À peine les pieds posés sur le sol de Manhattan, la Voyageuse Transcontinentale se mue en Journaliste, la Californienne commence de s'initier aux codes new-yorkais.

Dans le romantisme de son enfance à Sacramento un élément joue, essentiel, auquel elle ne tourne pas le dos : la foi dans le hasard, la conviction que tout est possible. La ville, sa région, dans la mesure où elles sont nées de l'aventure des chercheurs d'or, en constituent les preuves. La personnalité de Joan Didion est à la fois tissée de pessimisme et ouverte à la richesse de l'imprévu. On peut tomber sur un filon. La Fortune connaît des renversements soudains.

Pour Joan Didion, toujours timide mais travailleuse et ambitieuse, l'entrée à *Vogue* est *sa* chance. Elle en est tout de suite consciente, et décidée à l'exploiter. Elle y débute comme *promotional copywriter* (rédactrice d'annonces, payée 45 dollars la semaine), pour, franchissant tous les échelons, réussir à signer ses articles (1961) et accéder au poste d'*associate feature editor* (responsable de rubrique). Entre-temps, elle ne cesse de se perfectionner, de réfléchir sur la place et la signification des mots, aux effets de leur suppression ou répétition, à la musique des phrases, à leur portée. À *Vogue*, écrit-elle, « on apprenait vite – ou alors on ne faisait pas de vieux os – à jouer avec les mots (…). Nous étions experts en synonymes. Nous étions collectionneurs de verbes (…). Travailler pour *Vogue*, à la fin des années 1950, c'était un peu comme s'entraîner avec les Rockettes[1] » – cette

---

1. P. 76-77 de ce volume.

escouade de danseuses de cabaret adorées du public américain pour leur parfaite technicité.

Et, ainsi que le montre ce recueil de textes qui s'échelonnent entre 1968 et 2000, l'apprentissage est sans repos. « Le métier d'écrivain » (pour reprendre un titre de Philip Roth) repose sur une profonde modestie tendue, comme chez les artisans d'antan, vers la réalisation du chef-d'œuvre.

À l'école de *Vogue*, Joan Didion expérimente des contraintes strictes, tant dans les sujets que dans les délais et dans le style : « Verbe d'action, verbe d'action ! » lui est-il répété. Elle se forme au plus loin des caprices de l'inspiration, des tourments et extases, des poètes. À ce régime ne risque-t-on pas, comme les Rockettes, de se robotiser ?

Pour tout vous dire, comme tous les écrits de Joan Didion, persuade à l'évidence du contraire. Véritable déclaration de foi, « Alicia et la presse underground », qui ouvre ce volume, tout en nous offrant un tableau de la presse écrite dans les années 1970, met l'accent sur la nécessité d'une vision subjective. Dans sa défense de la presse underground contre une presse soi-disant objective, Joan Didion définit sa propre conception du journalisme : « Alicia ne connaît sans doute rien en dehors du campus d'Ann Arbor. Mais elle me raconte tout ce qu'elle sait à ce sujet. » Elle s'adresse au lecteur en amie. Elle crée l'espace d'une intimité. Elle ne sépare pas le thème traité d'une quête personnelle.

Joan Didion opte pour un alliage de dureté factuelle et d'humour. Elle vise le grand public. Dans son refus de toute forme de jargon, elle n'entretient aucune affinité avec le monde académique ni avec des discours de militantisme. Elle travaille dans la même direction que Norman Mailer ou Tom Wolfe, du côté du « *New Journalism* ».

La Journaliste est indissociable de la Romancière.

Joan Didion s'est fixé un emploi du temps rigoureux : au sortir des bureaux de *Vogue*, ou de *Mademoiselle*, elle dîne, puis reprend l'écriture de son roman en cours, *Run, river* [1], dont elle punaise les pages sur les murs de sa chambre. Journaliste, le jour ; romancière, la nuit. L'époque *Vogue* est une époque d'écriture intense – et de fêtes. Joan Didion se rappelle « toutes les fêtes, les fêtes nulles, les fêtes du samedi après-midi données par de jeunes mariés qui vivaient à Stuyvesant Town, les fêtes côté West Side données par des écrivains non publiés ou ratés qui servaient du vin rouge bon marché et parlaient d'aller à Guadalajara, les fêtes du Village où tous les invités travaillaient pour des agences de pub [2] ». Mais après ces huit années à rédiger, inventer, aller à des *parties*, Joan Didion se sent usée, blasée, au bord du gouffre. Elle a rencontré l'écrivain et scénariste d'origine irlandaise John Gregory Dunne, est sûre de vouloir vivre avec lui. Elle essaie encore un peu de tenir le rythme de New York, puis ils s'accordent pour quitter la côte Est.

---

1. *Une saison de nuits*, traduit par Philippe Garner, Grasset, 2014.
2. *L'Amérique*, *op. cit.*, p. 280.

Ce retour sur la côte Ouest se révèle pour Joan Didion en tout point fructueux. L'immensité de la nature, le plaisir de nager, la liberté des horaires, le duo brillant qu'elle constitue avec John Gregory Dunne (ils s'entre-lisent, cosignent des rubriques, travaillent ensemble à des scénarios), d'autres fêtes au bord du Pacifique ou dans leur appartement de Franklin Avenue à Hollywood, enfin, l'adoption d'une petite fille, Quintana Roo, la rendent, à nouveau, pleinement présente et passionnée de découverte.

Tout en continuant d'écrire pour *Vogue*, *The New York Review of Books*, *The New Yorker*, elle multiplie les lieux de publication et diversifie son registre. Les articles ici réunis éclairent bien sa manière, singulière, de traverser les années 1960-1970, le mouvement hippie et sa sanglante terminaison dans le meurtre de Sharon Tate, la guerre du Vietnam, d'approcher des célébrités, vedettes de la politique, du cinéma, du show-business, de couvrir des procès, et surtout de dire *sa* Californie, *son* Amérique. Ils nous branchent sur l'originalité d'une voix décidément étrangère à l'abstraction comme à l'affirmation d'une cause ou d'une théorie (ce qui la sépare, entre autres, de sa contemporaine new-yorkaise, Susan Sontag). L'œuvre de Joan Didion est à la fois d'une grande cohérence et dans la souplesse, la fluidité. Ses articles, essais, romans, *Maria avec et sans rien*, *Un livre de raison*, *Démocratie*, tout comme ses livres explicitement autobiographiques, *L'Année de la pensée magique*, *Le Bleu de la nuit*, se complètent les uns les autres, se répondent. Ils dessinent simultanément le portrait d'un pays, d'une époque – et d'une femme.

Un des derniers plans du documentaire réalisé par son neveu, Griffin Dunne, *Joan Didion, The Center Will Not Hold* (*Le Centre ne tiendra pas*), 2017, la montre dans son appartement à New York, de profil, rivée à son bureau. Tout son être tendu vers les mots qu'elle est en train de tracer sur l'écran de son ordinateur. Tout son être ne faisant qu'un avec ses phrases.

Joan Didion est alors âgée de quatre-vingt-trois ans. En moins de deux ans (le 30 décembre 2003 et le 28 août 2005), elle a perdu son mari, John, et sa fille, Quintana.

Dans le vertige de la mort de John, elle a griffonné sur un bout de papier :

La vie change vite
La vie change dans l'instant.

Soudaineté du Coup de chance. Soudaineté du Désastre. Joan Didion écrit pour sauver la mémoire de John et de Quintana. Elle scrute les signes prémonitoires de leur disparition. Elle découpe et analyse les phases de sa douleur. Elle écrit comme si elle faisait un reportage sur le deuil. Et elle en connaît énormément sur le sujet.

Cette image de Joan Didion, où elle apparaît si maigre et fragile, défaite physiquement et pourtant déterminée, m'a rappelé un des motifs de son admiration pour Hemingway : qu'il considérait les mots « comme l'expression manifeste de l'honneur personnel ». Cela vaut tout autant pour elle, ai-je pensé. Et j'ai été frappée par le contraste entre la figure glamour, le « couple phare » qu'elle avait représenté avec son mari sous le ciel toujours bleu de Hollywood, et ses réserves de solitude et de courage, son ancrage dans une mentalité de pionnière – une force indestructible dans sa fragilité même.

Chantal THOMAS,
de l'Académie française

POUR TOUT VOUS DIRE

Alicia et la presse underground

Les seuls journaux américains qui ne me laissent pas en proie à la conviction profonde et viscérale que l'afflux d'oxygène dans mes tissus cérébraux a été interrompu, très probablement par une dépêche de l'agence Associated Press, sont le *Wall Street Journal*, le *Free Press* de Los Angeles, l'*Open City* de Los Angeles et l'*East Village Other*. Si je vous dis cela, ce n'est pas dans le but de passer pour une impayable excentrique aux goûts tordus, éclectiques et, en un mot, branchés ; je parle ici de quelque chose de tout à fait consternant et singulier – notre incapacité à nous adresser les uns aux autres de manière directe, l'incapacité des journaux américains à nous « toucher ». Le *Wall Street Journal* me parle de manière directe (peu importe que ce qu'il raconte ne m'inspire en général qu'un intérêt minime), tout comme la presse dite « underground ».

Le *Free Press*, l'*EVO*, le *Berkeley Barb*, tous les autres journaux de format tabloïd qui reflètent les préoccupations spécifiques des jeunes et des marginaux – leur principale vertu est d'échapper aux postures journalistiques conventionnelles, si souvent adossées à une prétendue « objectivité » en réalité tout ce qu'il y a de plus factice. Comprenez bien : j'ai la plus grande admiration pour l'objectivité, simplement je ne vois pas comment elle peut être atteinte si le lecteur ne comprend pas le point de vue particulier du journaliste. En essayant de nous faire croire qu'il n'en a aucun, ce dernier transforme tout l'exercice en une vaste supercherie, travers dont le *Wall Street Journal* a toujours été exempt et qui n'a pas encore contaminé la presse underground. Lorsqu'un journaliste de la presse underground approuve ou désapprouve quelque chose, la plupart du temps il le dit, au lieu de s'appesantir sur la question de savoir qui, quoi, où, quand et comment.

Bien entendu, les journaux underground n'ont pas grand-chose d'underground à proprement parler. L'*EVO* est omniprésent dans les rues de New York au sud de la 34e ; les comptables de Los Angeles vont déjeuner sur le Strip avec le *Free Press* sous le bras. On entend souvent se plaindre que ce sont des journaux amateurs et mal écrits (ce qui est vrai), qu'ils sont idiots (ce qui est vrai), qu'ils sont ennuyeux (ce qui n'est pas vrai), qu'ils ne s'en tiennent pas suffisamment aux limites de l'information. De fait, le contenu d'un journal underground, d'un point de vue purement informatif, est d'une indigence extrême. Annonce d'une marche blanche en faveur de la paix ou de la capitulation d'un groupe de rock devant les forces du grand capital (ledit groupe s'est abaissé à enregistrer un disque, par exemple, ou à jouer en concert au Cheetah Club), conseils de Patricia Maginnis sur l'attitude à adopter face à l'interne du service des admissions en cas d'hémorragie à la suite d'un avortement mexicain (« N'hésitez pas à lui dire que Patricia Maginnis et/ou Rowena Gurner[1] vous ont aidée à avorter. N'incriminez personne d'autre, s'il vous plaît. Nous, nous cherchons à nous faire arrêter ; ce n'est pas le cas de tout le monde »), réflexions d'un trafiquant de drogue âgé de quinze ans (« Pour être un bon dealer, faut être investi, voir le deal comme un art de vivre »), avertissements du genre Le Speed Tue – telle ou telle édition du *Free Press*, mettons, est quasi identique aux cinq éditions suivantes du *Free Press* et, pour quiconque ne s'intéresse que de loin aux diverses dissensions agitant le petit milieu des narcotiques et de la guérilla révolutionnaire, impossible à distinguer de l'*EVO*, du *Barb*, du *Fifth Estate* et du *Free Press* de Washington. Je n'ai jamais appris quelque chose que j'avais besoin de savoir en lisant un journal underground.

Mais croire que c'est pour les « faits » que les gens lisent ces journaux, c'est passer à côté de ce qui fait tout leur attrait. Leur génie particulier est de s'adresser directement à leurs lecteurs. Ils partent du principe que le lecteur est un ami, que quelque chose le chiffonne, et qu'il comprendra pour peu qu'on lui parle sans y aller par quatre chemins ; ce présupposé d'un langage commun et d'une éthique partagée donne à leurs articles une pertinence stylistique considérable. Dans un récent numéro du *Free Press*,

---

1. Patricia Maginnis (1928-2021) et Rowena Gurner (1931-) : fondatrices avec Lana Phelan de « l'Armée des Trois » en 1964, premier mouvement militant en faveur du droit à l'avortement aux États-Unis. *(Toutes les notes sont du traducteur.)*

on pouvait lire une analyse de l'université Ann Arbor, envoyée par une lectrice nommée « Alicia », qui disait tout ce qu'il y avait à dire sur une communauté étudiante en trois lignes d'une perfection digne d'un haïku : « Les professeurs et leurs épouses sont des ex-Beatniks (Berkeley, promo 57), et ils participent aux marches pour la paix et apportent des jonquilles à U Thant. Certains gamins croient encore en Timothy Leary et Khalil Gibran. Certains de leurs parents croient encore au rapport Kinsey[1]. »

Ces journaux ignorent les codes de la presse conventionnelle, ils disent ce qu'ils pensent. Ils sont tapageurs et impertinents, mais ils n'irritent pas ; leurs torts sont ceux d'un ami, pas ceux d'un monolithe. (« Monolithe » étant, bien évidemment, un mot de prédilection de la presse underground, l'un des rares qu'elle emploie qui soit composé de trois syllabes.) Leur point de vue apparaît clairement même au lecteur le plus obtus. Dans les meilleurs organes de la presse traditionnelle, les prises de position franches et tacites ne manquent pas, mais le fait précisément qu'elles demeurent tacites, passées sous silence, s'interpose entre la page et le lecteur

---

1. U Thant (1909-1974) : secrétaire général des Nations unies de 1961 à 1971. Timothy Leary (1920-1996) : psychologue et essayiste, grand défenseur de l'usage des psychédéliques, en particulier du LSD. Khalil Gibran (1883-1931) : poète d'origine libanaise dont le recueil *Le Prophète* connut un grand succès dans les milieux de la contre-culture aux États-Unis dans les années 1960. Rapport Kinsey : célèbre étude publiée en 1948 et 1953 par le Dr Alfred Kinsey (1894-1956) sur la diversité des comportements sexuels humains.

comme une nappe de gaz des marais. Le *New York Times* ne soulève en moi que l'agressivité la plus fruste et déplaisante, me donne l'impression d'être comme la fille aux pieds nus du forain dans *Carousel* qui regarderait les enfants de la famille Snow s'en aller gaiement dîner un dimanche soir en compagnie de McGeorge Bundy, de Reinhold Niebuhr et du Dr Howard Rusk[1]. La corne d'abondance déborde. La Croix d'or scintille[2]. La fille du forain rêve d'anarchie et ne pourrait jamais accorder le moindre crédit aux enfants Snow, même s'ils lui affirmaient qu'il faisait noir la nuit dernière. Dans les journaux de niveau inférieur au *Times* de New York ou de Los Angeles, le problème n'est pas tant d'accorder du crédit aux informations que de les trouver ; bien souvent, on dirait qu'un singe a sauté sur le téléscripteur et directement retranscrit tout ce bazar déroutant, balançant en guise de totem un rapport par-ci,

---

1. *Carousel* : comédie musicale de Rodgers et Hammerstein (1945) mettant en scène une jeune fille chahutée par son entourage en raison des crimes passés de son défunt père, lequel descend du ciel pour lui prodiguer de bons conseils et lui permettre de gagner le paradis. McGeorge Bundy (1919-1996) : conseiller à la sécurité nationale sous les présidences Kennedy et Johnson qui joua un rôle majeur dans la guerre du Vietnam. Reinhold Niebuhr (1892-1971) : grand théologien américain et figure du « réalisme politique » pendant la guerre froide. Dr Howard Rusk (1901-1989) : fondateur de la médecine rééducative au lendemain de la Seconde Guerre mondiale.

2. Allusion au « discours de la Croix d'or » de William Jennings Bryan lors de la convention démocrate de 1896, dans lequel il s'opposait à l'étalon-or et défendait la libre frappe de la monnaie (« Vous ne crucifierez pas l'humanité sur une croix d'or »).

une dépêche par-là. L'été de mes dix-sept ans, j'ai travaillé dans une rédaction où l'essentiel de l'activité quotidienne consistait à saucissonner et à reformuler les articles de la presse adverse (« Vois ça comme si tu taillais une plante », m'avait-on conseillé le premier jour) ; j'ai l'impression que ce genre d'industrie journalistique continue de faire florès au niveau local : Le Conseil Municipal Applaudit le Projet Immobilier Visant à Raser les Taudis des Quartiers Nord pour Construire un Établissement de la Chaîne Hôtelière Howard Johnson. Des Jeunes Filles du Gotha à la Fibre Caritative Inspectent une Toute Nouvelle Machine Destinée à Soigner les Malades du Cancer en Phase Terminale. Chère Abby. Miroir de Votre Âme. Les bras vous en tombent, le réel bat en retraite. « Au Séminaire, Certains Auraient Bien Besoin d'un Dictionnaire », peut-on lire page 35. « PADUCAH, KENTUCKY (AP) – Lorsque Kay Fowler a demandé à ses élèves de catéchisme s'ils savaient ce qu'est un séminaire, un petit garçon a levé le doigt et répondu : "C'est là où qu'on enterre les gens." » Racontez-moi ça page 35, et il est peu probable que j'accorde le moindre crédit à ce que vous me racontez en une.

Singes en bas de l'échelle, code en haut. Nous nous estimons « bien informés » précisément dans la mesure où nous connaissons « la véritable histoire », celle qui ne figure pas dans les journaux – c'est tout dire des conventions en usage dans notre presse. Les journalistes les plus admirés ne sont plus des adversaires mais des confidents, des complices ; l'idéal est qu'ils aient l'oreille des présidents, qu'ils dînent en ville avec Walter Reuther[1] et Henry Ford, et qu'ils dansent avec les filles de ce dernier au Club. Et ensuite, forts de la lourde responsabilité qui leur incombe, qu'ils envoient leurs articles codés à leur rédaction. Alicia, elle, ne croule pas sous le poids des responsabilités. Alicia ne va jamais danser au Club. Alicia ne connaît sans doute rien à rien en dehors du campus d'Ann Arbor. Mais elle me raconte tout ce qu'elle sait à ce sujet.

1968

---

1. Président du Syndicat des travailleurs de l'automobile de 1946 à 1970.

Atteindre la sérénité

« En ce qui me concerne, disait la jeune femme, depuis sept mois que je participe à ce programme ça se passe super bien. J'étais une joueuse de petite envergure, je me cantonnais à Gardena. Je jouais la nuit, après avoir couché les enfants, et bien sûr je ne rentrais jamais chez moi avant cinq heures du matin, et mon vrai problème à ce moment-là, c'était que je n'arrivais pas à dormir. Je me rejouais chaque donne dans ma tête, et du coup le lendemain j'étais, bah… fatiguée. À cran. Avec les enfants. »

Elle parlait comme quelqu'un qui avait calqué son mode de discours en public sur une pub pour de l'aspirine, mais elle n'était pas exactement en train de vendre un produit. Elle livrait une « confession » lors d'une réunion des Joueurs Anonymes à laquelle j'ai assisté récemment ; neuf heures, un soir d'hiver dans le club-house d'un quartier pavillonnaire à Gardena, en Californie. Gardena est la capitale du poker fermé dans le comté de Los Angeles (pas de stud, pas d'alcool, les clubs baissent le rideau entre cinq et neuf heures du matin et toute la journée à Noël ; ici, ce n'est pas le Nevada mais la Californie, où on ne connaît que le poker fermé et où on ne joue qu'au niveau local), et la proximité alléchante des clubs de poker imprégnait l'atmosphère de cette réunion comme une substance paraphysique, presque aussi palpable que les portraits encadrés de Washington et Lincoln, le drapeau américain, les hortensias en plastique et le buffet installé par le Comité en charge des rafraîchissements. Au coin de la rue, aux aguets, elle était là, l'action, et ici, dans cette salle surchauffée, remuant d'un air gêné sur leurs chaises pliantes et plissant les yeux dans la fumée des cigarettes, quarante personnes qui en mouraient d'envie. « Cette Gardena, a soufflé un jeune homme. Elle m'a bousillé. » Le jeune homme en question, qui selon ses propres dires ne se débrouillait pas trop mal autrefois en dessin technique au lycée de Van Nuys, avait vingt-deux ans et les cheveux lissés dans la nuque en queue de canard millésimée 1951, ce qui permet peut-être d'imaginer à quel point, comme tous les gens réunis dans cette pièce, il était en décalage avec son époque. « J'ai pas perdu une fortune, a-t-il poursuivi, mais tout l'argent que j'ai jamais eu, je l'ai perdu, ça a commencé quand j'étais dans les marines, j'ai croisé un tas de pigeons au Vietnam, je me faisais de l'argent facile et c'est cette période de ma vie, j'ai envie de dire, qui m'a, euh… qui a causé ma perte. »

Le nuage de fumée était de plus en plus épais, les témoignages de plus en plus intenses. Je n'avais pas entendu autant de révélations d'un genre particulier depuis l'époque où j'engageais la conversation avec des inconnus dans des cars Greyhound parce qu'il me semblait, à tort, que c'était un bon moyen d'apprendre la vie. « Le truc, c'est que je venais de plumer mon patron dans les grandes largeurs », se racontaient-ils les uns aux autres, ou encore : « J'avais dans l'idée de me rendre à une réunion à Canoga Park et puis j'ai fait demi-tour sur l'autoroute, c'était mercredi dernier. J'ai atterri à Gardena et maintenant je suis à deux doigts du divorce, une fois de plus. » *Mea culpa*, croyait-on les entendre gémir, et nombre d'entre eux avaient gémi la même chose la veille et l'avant-veille : tous les soirs, une réunion des Joueurs Anonymes se tient quelque part dans les environs de Los Angeles, des endroits comme Long Beach ou Canoga Park ou Downey ou Culver City, et l'idéal est d'assister à cinq ou six par semaine. « J'étais encore jamais venu à cette réunion ici à Gardena, a expliqué quelqu'un, pour une raison très simple, c'est que j'ai des sueurs froides rien que de passer devant Gardena sur l'autoroute, mais je suis ici ce soir parce que chaque soir où je vais à une réunion c'est un soir où je ne joue pas, et grâce à Dieu et à vous tous j'en suis à 1 223 soirs d'affilée aujourd'hui. »

Il y avait certaines bizarreries dans la façon dont ils s'adressaient les uns aux autres. Tels des astrologues (qu'ils étaient peut-être par ailleurs), ils étaient obnubilés par les « dates » importantes, non seulement dans leur vie mais dans celle de tous les autres (« Le 3 décembre 65, ça a été un sale jour pour moi parce que c'est ce soir-là que j'ai signé mon premier chèque en bois, d'un montant de 343 dollars, mais c'est une date importante pour Frank L., ce jour-là un an plus tard ça ferait huit mois que Frank L. réussissait à garder le même job, même s'il a fini par le perdre ensuite, ce qui montre bien que certains d'entre nous en bavent tel ou tel jour tandis que d'autres s'en sortent, et ça c'est le miracle des J.A. ») ; ils parlaient de manière générale, comme englués dans une espèce de bourbier infraverbal, se raccrochant à des expressions toutes faites qui passaient en flottant au fil de l'eau. « Depuis que je participe au programme j'ai retrouvé la cohésion avec ma famille », a déclaré quelqu'un, et « Le truc le plus important que j'en ai retiré au jour d'aujourd'hui c'est, euh, comment dire… ma pensée mentale. » « Comme vous le savez tous, j'ai touché le fond ce soir-là, le 28 novembre, au Normandie Club, a raconté quelqu'un d'autre, et après ça j'ai atteint la sérénité. » « C'est ça mon idéal, a commenté quelqu'un. Atteindre la sérénité. »

Il n'y avait rien de réellement problématique dans tout cela, mais quelque chose clochait, quelque chose de troublant. J'ai cru au début que c'était la propension affichée par bon nombre de participants à insister sur leur « impuissance », sur les forces incontrôlables auxquelles ils se heurtaient. Il était beaucoup question de miracles, de Présences Supérieures et d'une Puissance Qui Nous Dépasse ; le programme des Joueurs Anonymes, comme celui des Alcooliques Anonymes, tend à renforcer la passivité avec laquelle l'accro envisage sa propre situation. (La première des « Douze Étapes » par lesquelles doit passer le J.A. consiste à reconnaître que sa vie « est devenue » ingérable. Cinq étapes plus tard, et alors qu'il continue à subir, il se déclare prêt à « être débarrassé de ces défauts de caractère ».) « C'est mon voisin qui m'a fait découvrir les cercles de Hollywood Park, merci du cadeau », a dit quelqu'un ce soir-là. « Cette

Gardena, il faudrait qu'ils la bombardent, m'a glissé un jeune homme d'un ton fiévreux. Un gamin met un orteil dans un endroit comme ça, il est foutu à vie. »

Mais bien entendu, il finit toujours par s'avérer que les *mea culpa* ne sont pas vraiment *mea*. Qu'importe, il y avait du café à boire, un gâteau à découper : c'était « l'anniversaire » de Frank L. aux Joueurs Anonymes. Six ans après avoir intégré le programme, il venait enfin de passer une année entière sans jouer une seule fois, ce qui lui valait de recevoir ce soir le badge du premier anniversaire (« Frank L., je veux que tu te rappelles une chose, une seule, c'est que ce badge n'est qu'un repère, un marque-page dans le grand livre de la vie ») et un gâteau, un gâteau blanc surmonté d'une inscription tracée au glaçage rose : LES MIRACLES EXISTENT TOUJOURS, pouvait-on lire sur le gâteau. « Ça n'a pas été facile, a déclaré Frank L., entouré de sa femme, de leurs enfants et des parents de sa femme. Mais ces trois, quatre dernières semaines, on a atteint une… une certaine *sérénité* à la maison. » Voilà, tout était dit. Je me suis éclipsée en vitesse, avant que quelqu'un d'autre ne prononce une fois encore le mot « sérénité », car c'est un mot que j'associe pour ma part à la mort, et pendant plusieurs jours après cette réunion je n'ai plus cherché que des endroits où la lumière était vive et où personne ne comptait les jours.

1968

Une visite à Xanadu

C'est depuis près d'un demi-siècle une image singulière et puissante dans l'esprit californien : San
Simeon, « *La Cuesta Encantada* », la baronnie fan-
tasmagorique que William Randolph Hearst se fit
bâtir sur les collines écrasées de soleil surplombant
le littoral du comté de San Luis Obispo. Les enfants
de Californie entendaient parler de San Simeon dès
leur plus jeune âge (je le sais parce que je fus l'une
d'eux) ; on leur disait de la guetter sur la Route 1,
dans le lointain, perchée sur la colline, les grandes
tours et les remparts mauresques scintillant au soleil
ou flottant de manière irréelle au-dessus de la brume
côtière ; San Simeon était un endroit qui, une fois
aperçu depuis la route, restait gravé à jamais dans
la mémoire, un fait matériel dont l'existence était la
démonstration tangible de certains principes abstraits. San Simeon semblait confirmer la promesse
d'infini de l'endroit où nous vivions. Le portail était
fermé en permanence sur cette route au sommet de la
colline, et pourtant le domaine Hearst avait quelque
chose d'une frontière accessible ; l'argent des Hearst
était de l'argent de l'Ouest, de l'argent qui provenait
à l'origine d'un gisement d'argent découvert dans le

Nevada, de l'argent amassé et dépensé dans un esprit typique de l'Ouest où se mêlaient la chance, l'imagination, l'irresponsabilité et l'extravagance en toutes choses. Si un Hearst pouvait se faire construire un château, alors n'importe qui pouvait devenir roi.

San Simeon était, de surcroît, exactement le genre de château qu'un enfant aurait construit, si un enfant avait disposé de 220 millions de dollars et avait pu en dépenser 40 pour un château ; un château de sable, un lieu improbable, baigné d'une tiède lumière dorée et de brumes théâtrales, un dôme des plaisirs décrété par un homme qui voulait à tout prix, pour conjurer la sombre terreur que nous connaissons tous, que toutes les surfaces soient joyeuses, étincelantes et distrayantes. Plus qu'aucun autre bâtiment jamais édifié dans ce pays, San Simeon était l'illustration ultime de l'idée selon laquelle tous les plaisirs de l'infini se trouvent dans le monde d'ici-bas. Les feuilles ne tombaient jamais à San Simeon, rien ne fanait, rien ne mourait. Les roses, les fuchsias et les bougainvillées fleurissaient à longueur d'année, 2 millions de litres d'eau miroitaient dans les immenses piscines, des zèbres et des oryx frayaient dans les collines dorées. Les carillons résonnaient à 50 kilomètres à la ronde. Des drapeaux siennois chatoyants flottaient au-dessus des longues tables du réfectoire. Les invités mangeaient du canard au sang et s'essuyaient les mains sur des serviettes en papier ; là encore, un rêve d'enfant ; chaque repas était un pique-nique. L'esprit de San Simeon n'était pas entravé par les distinctions crispées du monde adulte entre ce qui était convenable et ce qui ne l'était pas, entre ce qui était bon et ce qui était moins bon, entre ce qui était « de l'art » et ce qui n'en était pas ; si William Randolph Hearst aimait quelque chose, il l'achetait, et il le mettait à San Simeon. Et un enfant aurait peuplé son château des mêmes personnages : il y avait le Roi tout-puissant, la Reine délaissée, la Princesse étrangère captive. Il y avait les sous-fifres dévorés d'ambition, apportant des missives de toutes les capitales de la terre. Et bien sûr il y avait les courtisans, les courtisans décoratifs, qui venaient parfois passer le week-end et finissaient par rester des mois entiers, parce que nul n'était jamais banni de cette cour, à moins d'avoir trop bu ou d'avoir évoqué la mort. Il ne devait y avoir aucune ombre dans ce conte de fées : San Simeon devait être le royaume où personne ne meurt.

Et il était là, cet endroit, flottant sur la colline, s'offrant au regard des enfants. Pour ma part, je ne l'avais aperçu en vrai que trois ou quatre fois, mais j'en avais entendu parler, et je m'en souvenais, et San Simeon était une idée surgie de l'imaginaire qui m'avait impressionnée, qui avait modelé ma propre imagination à la manière dont tous les enfants sont modelés par la géographie réelle et émotionnelle du lieu où ils grandissent, par les histoires qu'on leur raconte et les histoires qu'ils inventent. Parce qu'il en avait été ainsi, je suis retournée il n'y a pas très longtemps à San Simeon, qui depuis 1958 est devenu un monument historique (le Roi a bel et bien fini par mourir, bien sûr, en 1951, et ses fils ont fait donation du château à l'État). Je me suis jointe à l'une des visites guidées organisées chaque jour dans quelques-unes des 147 pièces du Manoir et de ses dépendances.

C'était ce à quoi je m'étais attendue, et en même temps ça ne l'était pas du tout. Dans l'ensemble, d'un point de vue purement physique, San Simeon a exactement le même aspect aujourd'hui qu'il devait avoir du vivant de William Randolph Hearst : le domaine a rétréci de 110 000 à 35 000 hectares, mais il demeure un ranch d'élevage fonctionnel, et ces 35 000 hectares suffisent toujours à couvrir tout le panorama qu'on peut embrasser du regard depuis les grandes terrasses carrelées. Le zoo privé a disparu, le gnou, les ours à miel et l'éléphant, mais on peut encore apercevoir ici et là quelques zèbres en train de paître dans les buissons de laurier sur la colline. Les historiens de l'art qui viennent à l'occasion visiter cet endroit se désolent de constater que les couleurs des tapisseries s'estompent, que les toiles se craquellent et que les statues de bois polychrome s'écaillent, que les insectes détruisent les plafonds de bois sculpté ; mis à part ces quelques dommages infligés par le temps, cependant, et l'absence de tout bouquet fraîchement cueilli, l'État fait en sorte que les bâtisses demeurent très exactement telles que Hearst les a vues pour la dernière fois. Les roses continuent de fleurir dehors, et le soleil brille sur les feuilles des palmiers, et les collines jaunes qui dévalent vers la mer absorbent la lumière comme on ne le voit que dans les paysages de campagne californiens. Rien ne semble avoir changé, et pourtant si, car d'une certaine façon l'État a fait du domaine de San Simeon ce qu'il n'a jamais été, une propriété de milliardaire parmi tant d'autres. Pas moins de 4 millions de visiteurs se pressent chaque année, en pantalon sport, chapeau de paille et bigoudis ; ils s'acquittent de leurs 3 dollars et déambulent dans les corridors moquettés de nylon protecteur. Ils se donnent des conseils sur le meilleur angle de vue pour prendre des photos et spéculent sur ce que ça doit coûter de chauffer une maison pareille. En haute saison, l'État embauche quatre-vingt-neuf guides touristiques et autres agents auxiliaires de l'administration pour les accueillir ; certains sont installés dans les dépendances, et tout le monde va piquer une tête dans la piscine Neptune le soir entre six et huit. Ils organisent des barbecues sur les terrasses, et des groupes de discussion en dehors des heures ouvrées, dans lesquels ils abordent des sujets tels que « Le Fossé Générationnel ». Les guides portent un uniforme kaki et sont de véritables trésoriers de l'anecdote : *2 144 buissons de roses dans les jardins de Mr. Hearst, 5 400 volumes dans la bibliothèque privée de Mr. Hearst, à une certaine époque, d'après les estimations, Mr. Hearst avait acheté un quart des objets d'art existant dans le monde, dans 504 catégories artistiques distinctes.* « Si vous aviez été l'un des invités de Mr. Hearst… », répètent-ils en boucle. Si vous aviez été l'un des invités de Mr. Hearst, vous auriez pu pianoter sur le Wurlitzer de concert avant de passer à table pour le dîner. Si vous aviez été l'un des invités de Mr. Hearst, vous auriez pu regarder un film après le dîner, *et même vous retrouver assis à côté des acteurs de ce film dans la salle de projection.* Cette révérence s'étend jusqu'aux fils Hearst, qui viennent de temps à autre passer quelques jours à San Simeon, dans une maison d'invités de vingt pièces réservée à leur usage exclusif. « Si vous les voyiez, vous ne les reconnaîtriez probablement pas, avertit le guide, car ils seraient habillés comme vous et moi. » J'ai écouté ces guides pendant un bon moment, et j'avais du mal à identifier leur ton. Et puis je l'ai reconnu : c'était un ton reflétant l'idolâtrie des riches qui va si souvent de pair avec la démocratisation des choses, le nivellement. J'étais venue avec une enfant, une nièce du Connecticut qui n'avait jamais entendu parler de San Siméon, et les fleurs, les piscines et les plafonds chantournés lui avaient plu, mais j'ai songé, quand nous sommes parties, qu'elle aurait été plus impressionnée si elle avait entraperçu le domaine depuis la Route 1, le portail fermé, le château flottant dans le lointain. Quand on rend un endroit accessible au regard, d'une certaine manière il cesse d'être accessible à l'imagination.

1968

Une lettre de refus

« Chère Joan » – ainsi commence la lettre, même si son expéditeur ne me connaissait ni d'Ève ni d'Adam. La lettre est datée du 25 avril 1952, et elle dort depuis longtemps dans un tiroir chez ma mère, le genre de tiroir dans une chambre du fond dévolu aux prophéties scolaires, aux orchidées-papillons séchées et aux photos découpées dans la presse montrant huit demoiselles d'honneur et deux petites porteuses de bouquet penchées sur le demi-shilling porte-bonheur glissé dans le soulier d'une jeune mariée. Le peu de charge émotionnelle que j'ai jamais pu investir dans les orchidées-papillons séchées et mes photos de mariage s'est dissipé depuis beau temps, mais j'en ressens encore à l'égard de cette lettre, qui, à l'exception du « Chère Joan », avait été imprimée au miméographe. Je l'ai ressortie pour la gouverne d'une cousine de dix-sept ans qui a perdu le sommeil et l'appétit à force d'attendre la réponse de ce qu'elle persiste à appeler les universités de son choix. Voici ce que dit la lettre :

Le Comité des Admissions m'a prié de vous informer qu'il n'est pas en mesure d'apporter une réponse favorable à votre demande d'admission à l'université Stanford. Bien que vous remplissiez les critères minimums exigés, le Comité, en raison de la férocité de la compétition, ne peut hélas vous inclure dans le groupe des candidats admis. Le Comité se joint à moi pour vous transmettre tous ses vœux de succès dans la poursuite de vos études. Salutations sincères, Rixford K. Snyder, Directeur des Admissions.

Je me souviens très clairement de l'après-midi où j'ai ouvert cette lettre. Je suis restée longtemps debout à la lire et la relire, mon pull et mes livres éparpillés à mes pieds dans le couloir de l'entrée, essayant d'interpréter ces mots sous un angle moins définitif, les termes « pas en mesure d'apporter » et « une réponse favorable » se brouillant peu à peu sous mes yeux au point que la phrase tout entière a fini par ne plus avoir aucun sens. Nous vivions à l'époque dans une grande et sombre maison victorienne, et je me suis soudain vue, avec une acuité douloureuse, vieillir entre ces murs, ne jamais faire d'études nulle part, la vieille fille de *Washington Square*. Je suis montée dans ma chambre, j'ai fermé ma porte à clé, et j'ai pleuré pendant deux heures. Je suis restée un bon moment assise par terre, dans ma penderie, le visage enfoui dans une vieille robe de chambre matelassée, et un peu plus tard, une fois que j'eus désamorcé la part véritablement humiliante de ma situation (tous ceux de mes amis qui avaient demandé Stanford avaient été admis) en lui donnant d'inoffensives proportions théâtrales, je me suis assise sur le rebord de la baignoire et j'ai envisagé d'avaler tout le contenu d'un vieux tube d'aspirine codéinée. Je me suis vue sous une tente à oxygène, sur laquelle se penchait Rixford K. Snyder, même si la façon dont la nouvelle pourrait bien parvenir jusqu'aux oreilles de Rixford K. Snyder était un détail de l'intrigue qui me chiffonnait alors que j'étais déjà en train de compter le nombre de comprimés.

Bien entendu, je n'ai pas avalé les comprimés. J'ai passé le reste du printemps dans un état de vague rébellion boudeuse, à fréquenter les drive-in, à écouter des évangélistes de Tulsa sur la radio de ma voiture, l'été venu je suis tombée amoureuse de quelqu'un qui voulait devenir golfeur professionnel, et j'ai passé un certain temps à le regarder s'entraîner au putt, et à l'automne je me suis inscrite dans une classe préparatoire à l'entrée dans le supérieur où, à raison de deux heures de cours par semaine, j'ai engrangé les crédits nécessaires pour pouvoir intégrer l'université de Californie à Berkeley. L'année suivante, un ami étudiant à Stanford m'a demandé de rédiger à sa place une dissertation sur *Nostromo* de Conrad, je l'ai fait, et il a obtenu un A. La même dissert m'avait valu un B– à Berkeley, et ainsi le spectre de Rixford K. Snyder a-t-il été exorcisé.

Ça s'est donc plutôt bien terminé en fin de compte, mon expérience personnelle de la confrontation ô combien conventionnelle au sein de la classe moyenne entre l'enfant et le Comité des Admissions. Mais ça se passait dans l'univers bénin de la Californie provinciale en 1952, et j'imagine que les choses sont sans doute plus compliquées pour les enfants que je connais aujourd'hui, des enfants dont la vie, dès l'âge de deux ou trois ans, consiste en une série programmée d'épreuves périlleuses, dont chacune doit être victorieusement négociée s'ils veulent éviter de recevoir une lettre similaire à la mienne de la part de l'un ou l'autre des Rixford K. Snyder de ce monde. Une amie m'a raconté l'autre jour qu'il y avait quatre-vingt-dix dossiers de candidature pour sept places dans la maternelle d'une école prestigieuse où elle espérait pouvoir inscrire son enfant âgé de quatre ans, et qu'elle était en panique parce que aucune des lettres de recommandation dudit bambin n'évoquait son « intérêt pour l'art ». Si j'avais été soumise à une telle pression dans mon enfance, je crois que je l'aurais bel et bien avalé, ce tube d'aspirine codéinée, en cet après-midi d'avril 1952. Mon échec était différent, mon humiliation privée : nul espoir parental ne reposait sur mon admission à Stanford, ni où que ce soit. Bien sûr, ma mère et mon père voulaient que je sois heureuse, et bien sûr ils partaient du principe que le bonheur impliquait nécessairement la réussite, mais les termes de cette réussite ne regardaient que moi. L'idée qu'ils se faisaient de leur valeur et de la mienne demeurait indépendante de l'endroit où j'irais faire mes études, si même j'en faisais. Notre situation sociale était statique, et la question des « bonnes » écoles, traditionnellement si cruciale pour ceux qui sont engagés dans un processus d'ascension sociale, ne se posait pas. Quand mon père a appris que j'avais été refusée à Stanford, il a haussé les épaules et m'a servi un verre.

Je repense à ce haussement d'épaules avec une immense gratitude chaque fois que j'entends des parents parler des « chances » de leurs enfants. Ce qui me met mal à l'aise, c'est l'impression qu'ils donnent d'assimiler les chances de leurs enfants à leur propre succès, d'exiger de leur enfant qu'il réussisse non seulement pour lui-même mais pour la plus grande gloire de ses père et mère. Bien sûr qu'il est plus difficile qu'autrefois d'entrer dans une grande université. Bien sûr qu'il y a plus d'enfants que de places « enviables ». Mais nous nous berçons d'illusions en nous faisant croire que les écoles enviables ne profitent qu'à l'enfant. (« Je me ficherais totalement qu'il entre ou non à Yale, s'il n'y avait pas le Vietnam », m'a dit l'autre jour un père, sans avoir conscience le moins du monde du caractère spécieux de sa remarque ; il aurait été perfide de ma part de lui suggérer qu'on pouvait tout aussi bien échapper à la conscription en allant faire ses études à Long Beach State.) Entrer à l'université est devenu une effroyable entreprise, qui dévore et détourne le temps, l'énergie et les véritables centres d'intérêt de la manière la plus néfaste qui soit, et ce n'est pas le moindre de ses aspects délétères que les enfants eux-mêmes l'acceptent. Ils évoquent, d'un ton indifférent et dépourvu de tout charme, leurs « premier, deuxième et troisième choix », le fait que leur « premier choix » exprimé (l'université Stephens, par exemple) ne reflète pas leur vrai premier choix (leur vrai premier choix était Smith, mais leur conseiller d'orientation a dit que leurs chances étaient minces, alors pourquoi « gâcher » une candidature ?) ; ils font des calculs de probabilités sur les refus auxquels ils peuvent s'attendre, sur leurs solutions de « repli »,

45

sur les disciplines sportives et les activités extrascolaires à privilégier pour « équilibrer » leur dossier, sur le jonglage auquel ils vont devoir se livrer avant de prendre leur décision si jamais leur troisième choix les accepte avant qu'ils aient reçu la réponse de leur premier choix. Ils excellent à glisser ici et là un pieux mensonge, une légère exagération pour se mettre en valeur, et ils savent l'importance des lettres de recommandation signées par des « noms » que leurs parents connaissent à peine. J'ai entendu discuter des gamins de seize ans dont la roublardise auto-promotionnelle n'avait d'égale que celle des écrivains qui postulent aux plus importantes bourses d'aide à la création.

Et, bien entendu, rien de tout cela n'a la moindre importance au bout du compte, aucun de ces succès ou de ces échecs précoces. Je me demande si nous ne ferions pas mieux de trouver un moyen de faire comprendre cela à nos enfants, un moyen de les laisser affronter seuls les refus, les rébellions boudeuses et les interludes avec des aspirants golfeurs professionnels, sans chercher à les aider en leur soufflant nos propres répliques angoissées depuis les coulisses. Trouver son rôle dans la vie à dix-sept ans est déjà suffisamment ardu pour que leur soit épargnée la peine de devoir réciter le texte d'un autre.

1968

La jolie Nancy

La jolie Nancy Reagan, l'épouse du gouverneur de Californie, debout dans la salle à manger de la maison que loue le couple sur la 45e Rue à Sacramento, écoutait un présentateur télé lui expliquer ce qu'il voulait faire. Elle écoutait attentivement. Nancy Reagan est quelqu'un qui écoute très attentivement. L'équipe de télévision voulait l'observer, expliquait le présentateur, en train de faire très exactement ce qu'elle aurait fait d'ordinaire un mardi matin chez elle. Comme j'étais là moi aussi pour l'observer en train de faire très exactement ce qu'elle aurait fait d'ordinaire un mardi matin chez elle, nous étions pour ainsi dire sur le point d'explorer une nouvelle frontière médiatique : le présentateur télé et les deux cameramen m'observeraient en train d'observer Nancy Reagan, ou bien c'est moi qui observerais Nancy Reagan en train d'être observée par les trois autres, à moins encore que l'un des cameramen décide de rester en retrait et de se livrer à un petit exercice de « cinéma vérité » en nous observant tous en train de nous observer et d'être observés les uns par les autres. J'avais le sentiment aigu que nous étions sur la piste d'une sorte de révélation, la vérité sur Nancy Reagan en vingt-quatre images seconde, mais le présentateur télé a fait le choix d'ignorer l'essence particulière de ce moment. Il a suggéré que nous observions Nancy Reagan en train de cueillir des fleurs dans son jardin. « C'est bien quelque chose que vous pourriez faire d'ordinaire, n'est-ce pas ? » a-t-il demandé. « Tout à fait », a répondu Nancy Reagan avec intensité. Nancy Reagan dit presque tout avec intensité, peut-être parce qu'elle a été actrice pendant deux ans et qu'elle a contracté l'habitude qu'ont les actrices débutantes de charger leurs répliques même les plus banales d'une emphase dramatique bien plus importante qu'il n'est nécessaire d'en exprimer d'ordinaire un mardi matin sur la 45e Rue à Sacramento.

« D'ailleurs, a-t-elle ajouté alors, avec l'air de quelqu'un qui s'apprête à annoncer une merveilleuse surprise, d'ailleurs il se trouve que j'ai *justement* besoin de fleurs. »

Elle nous a souri les uns après les autres, et je lui ai rendu son sourire. Nous avions tous déjà beaucoup souri ce matin-là. « Et ensuite, a dit le présentateur télé d'un air pénétré en regardant la table de la salle à manger, même si le bouquet que vous avez là est déjà très beau, on pourrait faire semblant que vous arrangez… enfin vous voyez… les fleurs. »

Nous nous sommes tous souri de nouveau, et puis Nancy Reagan est sortie d'un pas résolu dans le jardin, munie d'un panier en osier décoratif d'environ quinze centimètres de diamètre. « Euh, Mrs. Reagan, l'a interpellée le présentateur. Pourrais-je vous demander ce que vous allez choisir, comme fleurs ?

— Eh bien ma foi, je ne sais pas », a-t-elle répondu en se figeant avec son panier sur une marche de l'escalier menant au jardin. La scène développait sa propre chorégraphie.

« Vous croyez que vous pourriez prendre des rhododendrons ? »

Nancy Reagan a jeté un coup d'œil perplexe à un massif de rhododendrons. Puis elle s'est tournée vers le présentateur et elle a souri. « Vous saviez qu'il existe une rose Nancy Reagan désormais ?

— Ah, euh, non, a-t-il dit. Je ne savais pas.

— Elle est terriblement jolie, d'une couleur un peu, oh… un peu corail.

— Est-ce que la… la rose Nancy Reagan, c'est une fleur que vous pourriez cueillir maintenant ? »

Un éclat de rire cristallin. « Je pourrais certainement la cueillir. Mais je ne m'en *servirais* pas. » Un temps. « En revanche, je pourrais me servir des rhododendrons.

— Parfait, a dit le présentateur. C'est parfait. Maintenant je vais vous poser une question, et si vous pouviez couper un bourgeon tout en répondant…

— Couper un bourgeon, a répété Nancy Reagan en se positionnant devant le massif de rhododendrons.

— On en fait une à blanc », a dit un cameraman.

Le présentateur l'a regardé. « Autrement dit, quand tu dis à blanc, tu veux dire qu'il faudrait qu'elle fasse semblant de couper le bourgeon.

— Semblant de couper, oui, c'est ça, a dit le cameraman. Semblant de couper. »

Je vous raconte tout ça parce que chaque fois que je pense à Nancy Reagan aujourd'hui, c'est à cette scène que je pense, à ce plan figé, la jolie Nancy Reagan s'apprêtant à cueillir une fleur de rhododendron trop grande pour les quinze centimètres de diamètre de son panier décoratif. Nancy Reagan a un sourire plein de sollicitude, le sourire d'une bonne épouse, d'une bonne mère, d'une bonne hôtesse, le sourire de quelqu'un qui a eu une enfance aisée, qui a fait ses études à Smith College, dont le père est un neurochirurgien de renom (la notule consacrée à son père dans l'édition 1966-67 du *Who's Who* comporte neuf lignes de plus que celle consacrée à son mari) et dont le mari est la définition même du Chouette Type, sans parler du fait qu'il est gouverneur de Californie, le sourire d'une femme qui semble incarner le rêve éveillé d'une Américaine de la classe moyenne aux alentours de 1948. Le décor de ce rêve éveillé est parfaitement planté, le moindre petit détail est exact. Là, dans la maison louée sur la 45ᵉ Rue, on peut lire RÉSIDENCE OFFICIELLE sur les pochettes d'allumettes blanches, mais on pourrait tout aussi bien imaginer qu'y soit écrit à la place NANCY ET RONNIE, et là, sur la table basse dans le salon, sont posés les magazines parfaitement assortis à l'existence dont on est venu faire le portrait : *Town & Country*, *Vogue*, *Time*, *Life*, *Newsweek*, *Sports Illustrated*, *Fortune*, *ARTnews*. Il y a deux chiens, qui s'appellent Lady et Fuzzy, et il y a deux enfants, qui s'appellent Pattie et Ronnie. Pattie, quinze ans, a un tempérament artistique, nous dit-on, et elle fait ses études dans un internat en Arizona. Quant à Ronnie, dix ans, on dit de lui que c'est un garçon normal, et il fréquente une école privée à Sacramento. On le surnomme aussi « le Skipper ». Tout le monde sourit sur le plateau, la secrétaire personnelle, le soldat de la Garde nationale, le cuisinier, les jardiniers. Et là, dans le jardin, Nancy Reagan sourit, s'apprêtant à cueillir la fleur de rhododendron. « Oh, non, non, *non*, dit-elle au présentateur télé qui lui a apparemment posé sa question. Ça n'a strictement rien changé dans nos relations avec nos amis. Si quelque chose avait changé, eh bien ce ne seraient pas des amis. Les amis, c'est… les *amis*. »

Un peu plus tard, le même jour. Nancy Reagan a cueilli et modifié plusieurs fois la disposition des fleurs de rhododendron, et l'équipe de tournage est partie. Nancy Reagan m'a montré la salle de jeu, où le gouverneur et le Skipper, parfois même certains législateurs de l'État, aiment venir jouer au train électrique. Elle m'a montré les planches originales de *Snoopy* que Charles Schulz a offertes au gouverneur quand celui-ci a décrété un jour de fête pour célébrer le Bonheur-de-Compter-Charles-Schulz-Parmi-les-Résidents-de-Californie. Elle m'a montré une photo du gouverneur montant à cheval. (« Son cheval Nancy D, a-t-elle dit d'un air songeur, qui est décédé le jour de notre installation à Sacramento. ») Elle m'a dit que le gouverneur n'avait jamais mis de maquillage, même dans ses films, et que l'univers de la politique est plus impitoyable que l'univers du cinéma parce que vous ne pouvez pas vous abriter derrière un studio. Nous sommes allées en ville, et elle m'a montré comment elle a remplacé les vieux murs capitonnés de cuir du Capitole (« sombres, atroces, miteux ») par de la toile de jute beige et recouvert les parquets d'une élégante moquette verte. « C'est important pour un homme de travailler dans un endroit qui soit joli », m'a-t-elle informée. Elle m'a montré le bocal d'apothicaire posé sur le bureau du gouverneur dont elle veille à ce qu'il soit toujours rempli de bonbons. Elle m'a montré comment elle dit bonjour aux jeannettes quand elle les croise dans les couloirs du Capitole.

Elle m'a montré tout cela, et maintenant, de retour dans le salon de la maison louée sur la 45e Rue, nous attendons que le Skipper rentre de l'école. Le retour du Skipper est, m'a-t-on dit, le moment central de la journée de Nancy Reagan.

Le Skipper est attendu à 15 h 20. Il va dans une école privée et il rentre à la maison dans une voiture avec chauffeur. Aujourd'hui, c'est Ronald Azavedo, un officier de la Patrouille d'autoroute nationale affecté au service des Reagan, qui conduit. Nous attendons encore un peu, mais nous n'entendons pas la voiture arriver. Nancy Reagan monte à l'étage et tend l'oreille un moment. « Je pense qu'il a dû passer par l'escalier de derrière, dit-elle. Ronnie ? Ronnie ? »

Ronnie ne semble pas avoir l'intention de se montrer. « *Bye* », dit-il de quelque part.

« Viens voir là une seconde, Ronnie.

— Quoi, dit-il en passant une tête par la porte.

— Comment va Chuck, il est guéri ce rhume ? demande Nancy Reagan.

— Chuck n'est pas enrhumé.

— Chuck n'est pas enrhumé ?

— Non. Bruce a des bagues.

— Bruce a des bagues, répète Nancy Reagan.

— *Bye*, dit le Skipper.

— *Bye* », dis-je.

Nancy Reagan m'adresse un sourire radieux, puis demande à Ronald Azavedo de me raccompagner en ville. « Être une mère absente, ce n'est pas ma philosophie, me dit-elle. Pas du tout. »

1968

Pères, fils, aigles rugissants

« J'espère que vous ne me prenez pas pour un hippie, a dit l'homme avec qui je discutais dans le salon Crown de l'hôtel Stardust sur le Las Vegas Strip à Las Vegas, Nevada. Je me laisse juste pousser la barbe, voyez. » Son badge indiquait qu'il s'appelait Skip Skivington. Il devait avoir une petite quarantaine, il avait combattu à Bastogne dans la 101ᵉ Division aéroportée en 1944, sa voix était pleine de douceur et d'excuse, et je ne l'avais pas pris pour un hippie. C'était le premier soir de la vingt-troisième réunion annuelle de l'Association de la 101ᵉ aéroportée, un week-end à Las Vegas, il n'y a pas très longtemps. Dehors, le ciel de fin d'été cognait toute la journée et toute la nuit, et à l'intérieur il faisait froid en permanence, il y avait de la moquette partout, il était impossible de savoir si c'était le jour ou la nuit, et là, dans le salon Crown du Stardust, entourés d'un grand nombre d'épouses et de quelques enfants, se trouvaient environ deux cents survivants du débarquement en Normandie, de Bastogne, de la bataille des Ardennes. J'étais venue de Los Angeles pour les trouver et j'ai su que je les avais trouvés quand, en entrant dans le bar du Stardust, j'ai repéré deux hommes en polo et calot militaire. « Donne-moi deux secondes, disait l'un d'eux, le temps de finir ma mousse. » L'après-midi, ils avaient réquisitionné la piscine du Stardust pour organiser une petite fête arrosée à la bière, et à présent ils faisaient la queue devant un buffet dînatoire (rosbif, jambon, coleslaw, salade de betteraves, salade de tomates, fromage à pâte fondue et petits pains), remplissaient leurs assiettes, trouvaient une table où s'asseoir et faisaient cliqueter les crickets en métal qui avaient servi de signal de reconnaissance dans la 101e le jour du débarquement. « Général McAuliffe, *mon général*, s'est exclamé un homme buriné, calot militaire sur la tête, qui slalomait entre les tables en tenant par la main un enfant âgé de deux ou trois ans peut-être. Regardez le gamin, je voulais vous montrer le gamin. »

Presque tous les autres avaient déjà rejoint des amis et une table, mais Skip Skivington était encore debout à côté de moi. Il me parlait de son fils. Son fils, disait-il, était porté disparu au Vietnam depuis le jour de la fête des mères. Je ne savais pas quoi dire, mais comme Skip Skivington était membre de l'Association de la 101e aéroportée, je lui ai demandé si son fils avait servi lui aussi dans la 101e. Le père m'a regardée, puis il a tourné la tête. « Je l'en ai dissuadé », a-t-il fini par répondre. Il a alors plongé la main dans la poche de sa veste et en a sorti une coupure de presse, protégée par une feuille plastique transparente, un article sur son fils : le lycée qu'il avait fréquenté, l'annonce de sa disparition, les circonstances dans lesquelles il avait été vu pour la dernière fois. Il y avait une photo du garçon, visage brouillé par le grain des pixels, un blondinet de dix-huit ans assis sur un rocher, souriant. J'ai rendu le bout de papier à Skip Skivington, et avant de le remettre dans sa poche il l'a regardé longuement, défroissant un pli imaginaire et scrutant ce morceau de journal comme s'il renfermait une réponse.

Je n'ai pas cessé de penser au visage indistinct du gamin et au visage distinct du père pendant tout le reste de la soirée, tout le reste du week-end, et ce sont peut-être leurs visages qui m'ont donné l'impression que ces quelques jours à Las Vegas étaient chargés de questions tacites, d'ambiguïtés presque imperceptibles. Dans l'ensemble, les retrouvailles avaient été joyeuses. Les femmes avaient mis de jolies robes, et tout le monde aimait Las Vegas, tout le monde trouvait que c'était l'endroit parfait pour cette réunion (« Je viens chaque année et je n'avais encore jamais vu autant de monde qu'ici à Vegas, Vegas c'est vraiment l'endroit parfait pour organiser ça »), tout le monde trouvait que la revue du cabaret du Stardust était… bon, certes, les seins nus, c'est un peu olé olé, mais les filles étaient charmantes et tout était mis en scène avec goût, surtout la séquence de patin à glace, qui était une véritable œuvre d'art. Il y avait des rencontres auxquelles assister, des mères de soldats – les « Gold Star Mothers » –, comme Mrs. C. J. (Maman) Miller, à honorer. Il y avait un nouveau président de l'association à introniser. « Merci, Bernie, mes chers Aigles Rugissants, a dit le nouveau président, soldats de la 101e, nos épouses, nos amis, nos Gold Star Mothers… »

Il y avait un déjeuner pour les femmes de soldat, un salon de réception. « Je vais me balader dans l'hôtel cet après-midi. Je ne mettrai pas *un orteil* dans ce salon de réception avant quatorze heures », a déclaré quelqu'un avec qui je parlais. Il y avait des films de l'armée, et j'ai passé un moment avec un petit aréopage d'épouses dans la pénombre climatisée et j'ai tout appris du Commandement armé de demain, de la fonction de l'Approvisionnement. Les épouses avaient ôté leurs escarpins et consultaient des petits bouts de papier. « Sans compter les quelques pièces à l'aéroport, a dit l'une d'elles, on a perdu vingt-sept dollars hier et on en a gagné douze aujourd'hui. Ce n'est pas mal, c'est *net*. » Il y avait des télégrammes à envoyer, à la 101ᵉ stationnée au Vietnam (« Faites-moi rugir cet aigle »), et des télégrammes à lire, envoyés par Hubert Humphrey[1] (« Nous ne sommes pas une nation qui a perdu son chemin, mais une nation en quête d'un meilleur chemin »). Il y avait même un Salon junior, où une poignée de gamins, assis sur des chaises pliantes, regardaient un Wurlitzer d'un air las et renfrogné.

Et bien sûr il y avait des discours. Maxwell Taylor est venu, pour souligner les similarités entre la bataille des Ardennes et l'offensive du Têt. « Étant donné la façon dont ces événements étaient rapportés par la presse, beaucoup de gens au pays avaient l'impression que nous étions en train de perdre la bataille des Ardennes, tout comme ils ont

---

1. Hubert Humphrey (1911-1978) : vice-président des États-Unis de 1965 à 1969.

l'impression aujourd'hui que... » Un colonel du Vietnam est venu, dépêché en avion pour assurer aux participants que les opérations là-bas se déroulaient dans un esprit conquérant, avec une détermination à toute épreuve, que « nos soldats au Vietnam sont exactement comme nous étions, vous et moi, il y a vingt-cinq ans ». Le général Anthony McAuliffe est venu, l'homme qui avait dit « Cinglés » quand les Allemands avaient demandé la reddition des troupes à Bastogne, et il a indiqué qu'il serait du groupe aux Pays-Bas l'année prochaine pour commémorer le vingt-cinquième anniversaire de l'invasion européenne. « Nous irons rendre visite à nos amis hollandais, a-t-il déclaré, et raviver le souvenir de cette grande aventure que nous avons vécue là-bas. »

Et ainsi, bien sûr, tout était dit, tout était là. Ils avaient en effet vécu une grande aventure, une aventure essentielle, et presque tous ceux qui étaient présents dans cette pièce avaient dix-neuf ou vingt ans à l'époque, et ils avaient survécu, ils étaient rentrés à la maison, et leurs femmes avaient donné naissance à des fils, et ces fils avaient dix-neuf, vingt ans aujourd'hui, et peut-être que ce n'était pas une si grande aventure cette fois-ci. Peut-être était-il difficile de défendre une position dans un ou deux villages vietnamiens avec autant de résolution que lorsqu'ils avaient libéré l'Europe. Le soir des discours, j'étais assise à côté d'un dénommé Walter Davis et de son épouse, une femme au visage doux, vêtue d'une belle robe noire. Walter Davis avait été parachuté aux Pays-Bas en 1944, et il travaille aujourd'hui pour la compagnie d'assurance Metropolitan Life à Lawndale, en

Californie, et il a trois enfants, une fille de dix-huit ans, un fils de quatorze ans et une fille de trois ans. Il y avait une jeune Néerlandaise à notre table, et Mrs. Davis lui a demandé d'écrire un message en flamand à leur fils. « Eddie est à l'âge où tout ce qu'a fait son père pendant sa jeunesse le passionne, tout ce qui se rapporte à la guerre et à la Hollande », a dit Mrs. Davis. Nous avons discuté un peu, et j'ai évoqué, parce que ces visages ne me quittaient décidément pas, ma rencontre avec cet homme dont le fils était porté disparu au Vietnam. Walter Davis n'a rien dit pendant quelques secondes. « Je n'ai jamais pensé que j'allais mourir, à l'époque, a-t-il dit soudain, au bout d'un moment. Je vois les choses un peu différemment aujourd'hui. Je ne voyais pas les choses du point de vue des parents, à l'époque. J'avais dix-huit, dix-neuf ans. Je voulais y aller, je ne supportais pas l'idée de ne pas y aller. J'ai pu voir Paris, Berlin, j'ai pu voir des endroits dont j'avais entendu parler mais que même en rêve je n'aurais jamais cru voir un jour. Aujourd'hui j'ai un fils et, qui sait, peut-être que dans quatre ans ce sera à son tour d'y aller. » Walter Davis a ouvert un petit pain en deux, il l'a soigneusement beurré, puis il l'a reposé, sans y avoir touché. « Je vois les choses un peu différemment aujourd'hui », a-t-il dit.

1968

Pourquoi j'écris

J'ai bien entendu volé le titre de cette intervention, à George Orwell – *Why I Write*. L'une des raisons pour lesquelles je le lui ai volé, c'est que j'aime le son de ces mots : *Why I Write*. Vous avez là trois petits mots brefs et dépourvus de toute ambiguïté qui ont une sonorité en commun, et la sonorité qu'ils ont en commun est celle-ci :

I

I

I

Je.

Par bien des aspects, écrire, c'est l'acte de dire « je », d'imposer sa présence à autrui, de dire *écoutez-moi, voyez les choses à ma façon, changez de point de vue*. C'est un acte agressif, hostile, même. Vous pouvez déguiser cette agressivité autant que vous voulez en la voilant de propositions subordonnées, de qualificatifs et de subjonctifs précautionneux, d'ellipses et de dérobades – en convoquant tout l'arsenal qui permet d'intimer au lieu d'affirmer, de suggérer au lieu de déclarer –, mais inutile de se raconter des histoires, le fait est que poser des mots sur le papier est une tactique de brute sournoise, une invasion, une manière pour la sensibilité de l'écrivain d'entrer par effraction dans l'espace le plus intime du lecteur.

J'ai volé ce titre non seulement parce que les mots sonnaient juste, mais parce qu'ils me paraissaient résumer, de la façon la plus simple et directe, tout ce que j'ai à vous dire. Comme beaucoup d'écrivains, je n'ai que ce seul « sujet », ce seul « domaine » : l'acte d'écrire. Je ne peux vous livrer le reportage d'aucun autre front. J'ai d'autres centres d'intérêt, sans doute ; je « m'intéresse », par exemple, à la biologie marine, mais je ne me pique pas de croire que vous vous déplaceriez pour m'entendre en parler. Je ne suis pas une érudite. Je ne suis en aucun cas une intellectuelle, ce qui ne veut pas dire que lorsque j'entends le mot « intellectuel » je sors mon revolver, simplement que je ne pense pas en termes abstraits. À l'époque où j'étais étudiante en premier cycle à Berkeley, j'ai essayé, animée par une espèce d'énergie postadolescente désespérée, de me procurer un visa temporaire pour entrer dans le monde des idées, de me forger un esprit capable de se confronter aux idées abstraites.

Bref, j'ai essayé de penser. J'ai échoué. Mon attention était inexorablement ramenée vers le spécifique, le tangible, vers ce qui était généralement considéré, par tous les gens que je connaissais à l'époque, et par tous ceux que j'ai rencontrés depuis, du reste, comme des sujets périphériques. Je m'efforçais de contempler la dialectique hégélienne mais finissais par me concentrer sur un poirier en fleur derrière ma fenêtre et sur la façon singulière dont les pétales tombaient par terre. J'essayais de lire de la théorie linguistique mais finissais par me demander si les lumières étaient allumées dans le Bevatron[1] au sommet de la colline. Quand je dis que je me demandais si les lumières étaient allumées dans le Bevatron, vous pourriez aussitôt soupçonner, pour peu que vous soyez familiers du monde des idées, que le Bevatron était à mes yeux un symbole politique, un raccourci pour désigner le complexe militaro-industriel et son rôle dans la communauté universitaire, mais vous auriez tort. Je me demandais simplement si les lumières étaient allumées dans le Bevatron, et à quoi elles ressemblaient. Un fait physique.

J'ai eu un certain mal à décrocher mon diplôme à Berkeley, non pas à cause de cette inaptitude à manipuler les idées – la littérature était ma matière principale, et j'étais capable d'identifier l'imagerie domestique et pastorale dans *Portrait de femme* aussi bien que n'importe qui, « l'imagerie » étant par définition le genre de détail spécifique qui attirait mon attention –, mais tout bonnement parce que j'avais omis de suivre un cours sur Milton. Pour des raisons qui paraissent baroques aujourd'hui, j'avais absolument besoin d'un diplôme avant la fin de l'été, et le département de littérature a finalement accepté, sous réserve que je descende de Sacramento tous les vendredis pour discuter de la cosmologie du *Paradis perdu*, de valider officiellement mes connaissances miltoniennes. C'est ce que j'ai fait. Certains vendredis

---

1. Accélérateur de particules installé en 1954 dans le laboratoire national Lawrence-Berkeley.

je venais en car Greyhound, d'autres vendredis je grimpais dans un wagon du Southern Pacific's City of San Francisco qui terminait sa course transcontinentale. Je serais incapable aujourd'hui de vous dire si c'était le soleil ou la terre que Milton plaçait au centre de son univers dans *Le Paradis perdu*, question pourtant centrale qui a occupé les esprits pendant au moins un siècle et sujet sur lequel j'ai écrit dix mille mots cet été-là, mais je garde le souvenir très précis de la rancidité du beurre dans le wagon-restaurant du City of San Francisco, et de la façon dont les vitres teintées du car Greyhound nimbaient les raffineries de pétrole des faubourgs de Carquinez Strait d'une lumière grisâtre et obscurément sinistre. En somme, mon attention était toujours en périphérie, focalisée sur ce que je pouvais voir, goûter, toucher, sur le beurre et sur le car Greyhound. J'ai traversé ces années avec un passeport que je savais douteux, des faux papiers : je savais que je n'étais la résidente légale d'aucun monde des idées. Je savais que j'étais incapable de penser. Tout ce que je savais à l'époque, c'était de quoi j'étais incapable. Tout ce que je savais à l'époque, c'était ce que je n'étais pas, et il m'a fallu quelques années pour découvrir qui j'étais.

C'est-à-dire un écrivain.

Je veux dire non pas un « bon » ou un « mauvais » écrivain, mais tout simplement un écrivain, une personne qui passe ses heures de passion et de concentration les plus intenses à disposer des mots sur des bouts de papier. Si mon dossier scolaire avait été irréprochable, je ne serais jamais devenue écrivain. S'il m'avait été donné d'avoir un tant soit peu accès à mon propre esprit, je n'aurais eu aucune raison d'écrire. Je n'écris que pour découvrir ce que je pense, ce que je regarde, ce que je vois et ce que ça signifie. Ce que je veux et ce que je crains. Pourquoi les raffineries de pétrole des faubourgs de Carquinez Strait me paraissent-elles sinistres à l'été 1956 ? Pourquoi les lumières nocturnes du Bevatron enflamment-elles mon esprit depuis vingt ans ? *Qu'est-ce qui se passe dans toutes ces images mentales ?*

Quand je parle d'images mentales, je parle, pour être très précise, d'images dont le pourtour scintille. Il y avait autrefois, dans tous les livres de psychologie les plus élémentaires, une illustration montrant un chat dessiné par un patient à divers stades de la schizophrénie. Ce chat était entouré d'un halo scintillant. On voyait la structure moléculaire des contours du chat se décomposer : le chat devenait le décor et le décor le chat, tout entrait en interaction, tous les ions s'entremêlaient. Les gens sous hallucinogènes décrivent une perception des objets similaire. Je ne suis pas schizophrène, et je ne prends pas de substances hallucinogènes, mais certaines images scintillent bel et bien pour moi. Regardez attentivement, et ce scintillement ne pourra pas vous échapper. Il est là. Vous ne pouvez pas arrêter de penser à ces images qui scintillent. Vous les laissez tranquillement venir et se développer. Vous ne faites aucun bruit. Vous ne parlez pas à beaucoup de gens, vous empêchez votre système nerveux de provoquer un court-circuit, et vous essayez de localiser le chat dans le scintillement, la grammaire dans l'image.

De même que j'entends « scintillement » de manière littérale, j'entends « grammaire » de manière littérale. La grammaire est un piano dont je joue à l'oreille, puisqu'il semblerait que j'aie été déscolarisée l'année où j'aurais dû en apprendre les règles. Tout ce que je sais de la grammaire, c'est que son pouvoir est infini. Changer la structure d'une phrase altère le sens de cette phrase, aussi radicalement et inexorablement que la position de l'objectif altère le sens de l'objet photographié. Beaucoup de gens s'y connaissent en angles de vue, de nos jours ; très peu s'y connaissent en phrases. La disposition des mots est cruciale, et la disposition que vous voulez, c'est dans votre image mentale que vous allez la trouver. C'est l'image qui dicte la disposition. C'est l'image qui vous dit si la phrase devra comporter ou non des propositions, si elle devra se terminer de manière abrupte ou suspendue, si elle devra être longue ou courte, active ou passive. C'est l'image qui vous dit comment disposer les mots et c'est la disposition des mots qui vous dit – qui *me* dit, en tout cas – ce qui se passe dans l'image. *Nota bene* :

C'est elle qui vous dit.

Pas vous qui la dites.

Je vais vous donner un exemple de ce que je veux dire quand je parle d'images mentales. J'ai commencé *Mauvais joueurs* comme j'ai commencé chacun de mes romans, sans avoir la moindre idée d'un quelconque « personnage », d'une quelconque « intrigue » ou même d'une quelconque « péripétie ». Je n'avais que deux images en tête, sur lesquelles je vais revenir dans un instant, et une intention technique, qui était d'écrire un roman si elliptique et rapide qu'il serait fini avant même que vous vous en rendiez compte, un roman si rapide qu'il existerait à peine sur la page. Quant aux images : la première était un espace blanc. Un espace vide. C'est très clairement cette image qui a dicté l'intention narrative du livre – un livre dans lequel tout ce qui se passait se passerait hors champ, dans les marges, un livre « blanc » que le lecteur devrait investir de ses propres mauvais rêves –, mais cette image ne me racontait aucune « histoire », ne faisait surgir aucune situation. La seconde, en revanche, si. Cette seconde image était une scène dont j'avais été réellement témoin. Une jeune femme aux cheveux longs en robe blanche dos nu traverse le casino du Riviera à Las Vegas à une heure du matin. Elle avance seule dans les travées du casino pour aller décrocher le combiné d'un téléphone. Je la regarde parce que j'ai entendu l'annonce avertissant qu'elle avait un appel, et je reconnais son nom : c'est une actrice de seconde zone que je croise à Los Angeles de temps en temps, dans des endroits comme le Jax et, une fois, dans le cabinet d'un gynécologue à la clinique de Beverly Hills, mais que je n'ai jamais rencontrée. Je ne sais rien d'elle. Qui l'appelle ? Pourquoi l'appelle-t-on ici ? Comment en est-elle arrivée là ? C'est précisément ce moment à Las Vegas qui a commencé à me dévoiler *Mauvais joueurs*, mais ce moment n'apparaît dans le roman que de manière oblique, dans un chapitre qui commence ainsi :

Maria dressa une liste des choses qu'elle ne ferait jamais. Jamais elle ne : se baladerait dans les couloirs du Sands ou du Caesar's seule après minuit. Jamais elle ne : danserait en soirée, se livrerait à des pratiques SM à moins d'en avoir envie, se ferait prêter une fourrure par Abe Lipsey, trafiquerait. Jamais elle ne : se promènerait avec un yorkshire à Beverly Hills.

C'est ainsi que commence ce chapitre, et c'est ainsi également qu'il se termine, ce qui peut donner une idée de ce que je voulais dire par « espace blanc ».

Je me rappelle que j'avais un certain nombre d'images en tête quand j'ai commencé le roman que je viens d'achever, *Un livre de raison*. L'une de ces images était d'ailleurs celle du Bevatron que j'ai déjà évoquée, même si je serais bien en peine de vous raconter une histoire impliquant des particules d'énergie nucléaire. Autre image, la photo publiée dans la presse d'un Boeing 707 détourné, en flammes au milieu du désert quelque part au Moyen-Orient. Une autre encore, le paysage nocturne vu d'une chambre dans laquelle j'avais passé une semaine terrassée par la paratyphoïde, une chambre d'hôtel sur la côte colombienne. Il me semble que mon mari et moi étions sur la côte colombienne en qualité de représentants des États-Unis d'Amérique à un festival de cinéma (je me rappelle avoir invoqué le nom Jack Valenti à de nombreuses reprises, comme si la réitération de ce nom pouvait m'aider à me remettre sur pied), et ce n'était pas l'endroit idéal pour être terrassée par la fièvre, non seulement parce que mon indisposition contrariait nos hôtes mais parce que tous les soirs, dans cet hôtel, le générateur tombait en panne. Les lumières s'éteignaient. L'ascenseur ne marchait plus. Mon mari se rendait aux projections, m'excusant auprès de tout le monde, et je restais seule dans cette chambre, dans le noir. Je me souviens d'avoir essayé de passer un coup de fil à Bogota, debout à la fenêtre (le téléphone semblait fonctionner sur le même principe que le générateur), en regardant monter le vent de la nuit, me demandant ce que je fichais à onze degrés sous l'équateur avec 39 de fièvre. La vue depuis cette fenêtre figure bel et bien dans *Un livre de raison*, tout comme le 707 en flammes, et pourtant aucune de ces images ne me racontait l'histoire que je cherchais.

L'image qui m'a donné accès à cette histoire, l'image qui en scintillant a permis aux autres images de rentrer en cohésion, est celle de l'aéroport de Panama à six heures du matin. Je n'ai mis les pieds qu'une seule fois dans cet aéroport, à bord d'un avion pour Bogota qui avait fait une heure d'escale pour se ravitailler en carburant, mais la vision que j'en avais eue ce matin-là s'est surimposée à tout le reste jusqu'au jour où j'ai fini *Un livre de raison*. J'ai vécu plusieurs années dans cet aéroport. Je sens encore la bouffée d'air brûlant au moment de descendre de l'avion, je vois la chaleur s'élever du tarmac déjà à six heures du matin. Je sens la jupe devenir humide et se froisser sur mes jambes. Je sens l'asphalte coller à mes sandales. Je me souviens de la queue gigantesque d'un avion de la Pan American qui semblait flotter, immobile, au bout de la piste. Je me souviens du bruit d'une machine à sous dans la salle d'embarquement. Je pourrais vous dire que je me souviens d'une femme en particulier dans cet aéroport, une

Américaine, une *Norteamericana*, une *Norteamericana* très maigre d'une quarantaine d'années qui portait au doigt une grosse émeraude carrée en lieu et place d'une alliance, mais cette femme n'était pas là.

Ce n'est que par la suite que j'ai mis cette femme dans l'aéroport. Cette femme, je l'ai inventée, tout comme j'ai inventé par la suite un pays où mettre cet aéroport et une famille pour diriger ce pays. La femme de l'aéroport n'est pas là pour prendre un avion ou en attendre un. Elle commande un thé à la cafétéria de l'aéroport. Du reste elle ne se contente pas de « commander » un thé, elle exige qu'on fasse bouillir l'eau, sous ses yeux, pendant vingt minutes. Que fait cette femme dans cet aéroport ? Pourquoi ne va-t-elle nulle part, d'où vient-elle ? Où s'est-elle procuré cette énorme émeraude ? Quelle démence, ou dissociation, lui fait-elle croire que son désir de regarder l'eau bouillir a la moindre chance d'être exaucé ?

Elle allait d'aéroport en aéroport depuis quatre mois, comme on pouvait s'en rendre compte en passant en revue les visas dans son passeport. Tous ces aéroports dans lesquels le passeport de Charlotte Douglas avait été tamponné devaient probablement se ressembler. Parfois l'inscription sur la tour de contrôle disait « BIENVENIDOS », et parfois l'inscription sur la tour de contrôle disait « BIENVENUE », dans certains endroits il faisait chaud et humide et dans d'autres il faisait chaud et sec, mais dans tous ces aéroports les murs de béton pastel étaient effrités, maculés de taches, et le marécage en bordure de la piste d'atterrissage était jonché de fuselages de Fairchild F-227 cannibalisés et il fallait demander à ce que l'eau soit bouillie.

Je savais pourquoi Charlotte allait à l'aéroport, même si Victor, lui, ne le savait pas.

Je connaissais les aéroports.

Ce passage se situe vers le milieu d'*Un livre de raison*, mais je l'ai écrit deux semaines à peine après avoir commencé de travailler sur ce livre, bien avant d'avoir la moindre idée de l'endroit d'où venait Charlotte Douglas ou de la raison pour laquelle elle allait dans les aéroports. Jusqu'au moment où j'ai écrit ce passage, je n'avais en tête aucun personnage prénommé Victor ; la nécessité de mentionner un nom, et en l'occurrence le prénom Victor, m'est apparue à l'instant même où j'ai écrit la phrase. *Je savais pourquoi Charlotte allait à l'aéroport* semblait insuffisant. *Je savais pourquoi Charlotte allait à l'aéroport, même si Victor, lui, ne le savait pas* donnait un plus grand élan narratif. Surtout, jusqu'au moment où j'ai écrit ce passage, je ne savais pas qui *j'*étais, qui était ce « je » qui racontait l'histoire. Mon intention initiale, jusqu'à cet instant, était que le « je » ne soit rien d'autre que la voix de l'auteur, un narrateur omniscient du dix-neuvième siècle. Mais voilà :

« Je savais pourquoi Charlotte allait à l'aéroport, même si Victor, lui, ne le savait pas. »

« Je connaissais les aéroports. »

Ce « je » n'était la voix d'aucun auteur vivant sous mon toit. Ce « je » était quelqu'un qui non seulement savait pourquoi Charlotte allait à l'aéroport, mais qui connaissait aussi un certain Victor. Qui était

Victor ? Qui était ce narrateur ? Pourquoi ce narrateur me racontait-il cette histoire ? S'il y a une chose que je peux vous dire à propos des raisons pour lesquelles les écrivains écrivent, c'est ceci : si j'avais eu la réponse à l'une ou l'autre de ces questions, je n'aurais jamais eu besoin d'écrire un roman.

1976

Raconter des histoires

À l'automne 1954, quand j'avais dix-neuf ans et que j'étais en troisième année à Berkeley, j'ai été admise, avec une dizaine d'autres étudiants peut-être, dans la classe de littérature 106A du regretté Mark Schorer, un genre d'« atelier d'écriture » qui se réunissait pour discuter trois heures par semaine et qui exigeait de chaque étudiant qu'il produise, au cours du semestre, au moins cinq nouvelles. Aucun auditeur libre n'était accepté. On parlait à voix basse. La 106A était généralement considérée, à l'automne 1954, comme une sorte d'expérience sacramentelle, une initiation au monde solennel des vrais écrivains, et je me souviens de chacun de ces cours comme d'un moment chargé à l'extrême d'excitation et de terreur. Je me souviens de tous les autres étudiants de cette classe sous les traits de jeunes gens plus âgés et matures que je n'avais l'espoir de jamais l'être moi-même (je n'avais pas encore compris, de manière viscérale, qu'avoir dix-neuf ans n'était pas une proposition à long terme), non seulement plus âgés et matures mais plus expérimentés, plus indépendants, plus intéressants, plus marqués par un passé exotique : des mariages et des ruptures conjugales, l'argent et le manque d'argent, le sexe, la politique et le spectacle de la mer Adriatique à l'aube ; la matière non seulement de la vie adulte proprement dite mais, ce qui était encore plus bouleversant pour moi à l'époque, la définition même de la matière susceptible d'être transsubstantiée en cinq nouvelles. Je me souviens d'un trotskiste, alors âgé d'une quarantaine d'années. Je me souviens d'une jeune femme qui vivait, avec un homme pieds nus et un gros chien blanc, dans un grenier éclairé à la bougie. Je me souviens de discussions en classe où il était question de rencontres avec Paul et Jane Bowles, d'anecdotes impliquant Djuna Barnes, d'années passées à Paris, à Beverly Hills, dans le Yucatán, dans le Lower East Side de New York, sur la baie de Repulse et même sous morphine. Sur mes dix-neuf années, j'avais passé les dix-sept premières à Sacramento, et les deux autres dans la résidence Tri Delt de Warring Street à Berkeley. Non seulement je n'avais jamais rencontré Paul ou Jane Bowles mais je ne les avais même pas lus, et le jour, une quinzaine d'années plus tard, chez des amis à Santa Monica Canyon, où j'ai fini par faire la connaissance de Paul Bowles, je me suis retrouvée aussi figée et frappée de mutisme que je l'avais été, à dix-neuf ans, quand j'assistais au cours de littérature 106A.

En somme, je n'avais aucun passé, et, tous les lundis-mercredis-vendredis à midi dans le bâtiment Dwinelle Hall, il m'apparaissait de plus en plus clairement que je n'avais aucun avenir. Fouillant mon placard à la recherche de vêtements qui pourraient me rendre invisible en classe, je n'avais déniché qu'un imperméable crasseux. Je restais assise dans cet imperméable et j'écoutais les autres lire leurs nouvelles à voix haute en songeant, accablée, que jamais je ne saurais tout ce qu'ils savaient. Je n'ai jamais manqué un seul cours et je n'ai jamais ouvert la bouche, pas une seule fois. Je n'ai réussi à écrire que trois nouvelles sur les cinq exigées. J'ai reçu – uniquement, me dis-je aujourd'hui, parce que Mr. Schorer, un homme d'une perspicacité et d'une gentillesse infinies envers ses étudiants, avait intuitivement deviné que mes piètres performances étaient l'expression d'une paralysie adolescente, d'un désir désespéré de montrer que j'étais douée et de la crainte de ne jamais y arriver, de la terreur que j'éprouvais à l'idée que la moindre phrase couchée sur le papier révèle que je n'étais *pas assez douée* – un B en note finale. Je n'ai plus écrit de nouvelles pendant très exactement dix ans.

Quand je dis que je n'ai plus écrit de nouvelles pendant très exactement dix ans, je ne veux pas dire que je n'ai rien écrit du tout. Je n'ai jamais cessé d'écrire, au contraire. J'ai écrit, après avoir quitté Berkeley, pour gagner ma vie. Je suis allée à New York et j'ai écrit pour les pages marketing de *Vogue* et j'ai écrit pour les pages publicitaires de *Vogue* (la distinction entre les deux était catégorique mais sibylline, et tenter de l'expliquer équivaudrait à donner la définition selon la Fédération américaine du travail de deux emplois en apparence similaires sur la chaîne d'assemblage de l'usine Ford à Pico Rivera, Californie), et au bout d'un certain temps je suis entrée à la rédaction de *Vogue*. Voici un petit extrait de ce que j'écrivais alors : « En face, en haut : partout dans la maison, de la couleur, de la verve, les trésors improvisés d'une coexistence heureuse mais incongrue. Ici un Frank Stella, là un vitrail Art nouveau, un Roy Lichtenstein. Ce que la photo ne montre pas : une table recouverte d'une toile cirée mexicaine aux couleurs résolument éclatantes, chinée à 15 cents le mètre. »

Il serait facile de railler la légèreté de ce genre d'« écriture », et si je cite ces quelques lignes, c'est précisément parce que je ne la prends pas du tout à la légère : c'est à *Vogue* que j'ai appris une sorte d'aisance avec les mots, une façon de considérer les mots non pas comme des miroirs de ma propre inadéquation mais comme des outils, des jouets, des armes à déployer stratégiquement sur la page. Dans une description de, mettons, huit lignes, chaque ligne devant comporter vingt-sept caractères, ni plus ni moins, non seulement chaque mot mais chaque lettre comptait. À *Vogue* on apprenait vite – ou alors on ne faisait pas de vieux os – à jouer avec les mots, à passer deux encombrantes subordonnées à la moulinette de la machine à écrire pour qu'elles en ressortent transformées en une seule phrase simple composée de très exactement trente-neuf caractères. Nous étions experts en synonymes. Nous étions collectionneurs de verbes. (Je me souviens que le verbe « ravir » a été à la mode pendant plusieurs numéros, et je me souviens aussi qu'il a entraîné l'usage, dans plusieurs autres numéros, d'un substantif tout aussi à la mode : « ravissement », comme dans « des tables chargées de tulipes de porcelaine, d'œufs de Fabergé

76

et d'autres ravissements ».) Nous apprenions à utiliser de manière réflexe les astuces grammaticales que nous n'avions apprises que sous la forme de corrections marginales sur les bancs de l'école (« il y avait deux oranges et une pomme » sonne mieux que « il y avait une pomme et deux oranges », les verbes passifs ralentissaient la phrase, un pronom ne devait jamais se trouver trop éloigné du mot auquel il renvoyait), apprenions à nous en remettre au dictionnaire, apprenions à écrire et réécrire et réécrire encore. « Repasse dessus encore une fois, ma belle, ce n'est pas encore tout à fait ça. » « Mets-moi un verbe choc à la deuxième ligne. » « Élague, dégraisse, va au fait. » Moins, c'était plus, fluide, c'était mieux, et la précision absolue était essentielle à la réussite de la grande féerie mensuelle. Travailler pour *Vogue*, à la fin des années 1950, c'était un peu comme s'entraîner avec les Rockettes[1].

Tout cela était stimulant, surtout pour quelqu'un qui avait souffert pendant des années de l'illusion qu'aligner deux phrases, c'était déjà courir le risque que le résultat soit comparé par la terre entière et de manière défavorable avec *La Coupe d'or*. Peu à peu j'ai commencé, le soir, entre deux articles à rendre et au lieu de déjeuner, à jouer avec les mots non pas pour *Vogue* mais pour moi-même. J'ai commencé à prendre des notes. J'ai commencé à consigner tout ce que je voyais, tout ce que j'entendais, tout ce dont

---

1. Célèbre compagnie de cabaret spécialisée dans la danse dite « de précision » qui se produit au Radio City Music Hall de New York depuis les années 1930.

je me souvenais et tout ce que j'imaginais. J'ai commencé à écrire, ou du moins le croyais-je, une autre nouvelle. J'avais en tête une histoire à propos d'une femme et d'un homme à New York :

Elle n'arrivait plus à se concentrer sur ce qu'il disait, car elle avait repensé à quelque chose qui s'était passé en Californie, l'été de ses quinze ans. Elle n'avait aucune raison particulière d'y repenser tout à coup cet après-midi, et pourtant ce souvenir était baigné de la clarté impérieuse et éblouissante propre aux incidents qui se sont produits il y a longtemps dans un autre coin du pays. Il avait plu à verse au mois de décembre cette année-là, et la crue des fleuves menaçait d'inonder la vallée. Elle était en vacances de Noël, et elle se réveillait tous les matins dans une maison plus froide et humide que la veille. Sa mère et elle prenaient le petit déjeuner ensemble, tournées vers la pluie derrière la fenêtre de la cuisine et regardant l'eau tourbillonner dans la gouttière qui séparait leur propriété de celle du Dr Wood. « Tous les fruits vont pourrir, déclarait sa mère d'un air impassible chaque matin à la table du petit déjeuner. Tous les fruits, complètement fichus. » Puis elle se resservait une tasse de café et ajoutait avec résignation qu'il était évident à ses yeux, même si ça ne l'était pas à ceux des ingénieurs de l'armée, que les digues ne tiendraient plus très longtemps. Tous les quarts d'heure, elles écoutaient l'inquiétant bulletin météo à la radio, qui indiquait à quel moment et à quel endroit on s'attendait à ce que les fleuves débordent. Un matin, le niveau du Sacramento était monté jusqu'à 9,40 mètres, et quand on annonça qu'il atteindrait 11,50 mètres le lendemain, les ingénieurs commencèrent à faire évacuer les maisons situées en amont du fleuve. À un moment, au cours de la matinée de ce lendemain, une digue céda à 60 kilomètres en amont de Sacramento, et la veille de Noël les journaux publièrent des photos aériennes de la digue en train de s'effondrer sous les paquets d'eau boueuse et de familles en robe de chambre réfugiées sur le toit de leur maison. On vit défiler ce soir-là dans les rues de la ville un cortège ininterrompu de rescapés, qui passeraient la nuit dans des gymnases et des salles paroissiales.

« Qu'est-ce que tu vas faire », demanda-t-il, l'air aussi intrigué que s'il était en train d'assister à une pièce de théâtre intensément captivante.

« Aller en Californie et travailler dans les fruits », répondit-elle d'une voix blanche.

La pluie ; les feuilles mouillées, les rues noires.

En passant en voiture devant le ranch Horst, les plants de houblon affaissés par la pluie.

Le centre commercial Fulton détrempé, désolé. Le feu chez Mrs. Miles ; acheter une robe de soirée.

Regarder la pluie derrière les fenêtres partout.

L'argenterie et les serviettes gisant sur la table de la salle à manger après les soirées de fête.

Les danses.

Les bars sous la pluie où la cheminée ne marche jamais.

Où que j'accroche mon chapeau, je me sens chez moi.

Ainsi « débutait » cette nouvelle que j'avais en tête, cette histoire qui avait pour sujet, croyais-je, une femme et un homme à New York – je n'emploie le terme « débuter » que par commodité, dans la mesure où on ne peut pas dire de quelque chose d'aussi brouillon et approximatif qu'il ait un véritable début –, et ainsi étaient rédigées quelques-unes des notes que j'avais prises dans l'idée de consigner noir sur blanc certains détails que je voulais faire figurer dans l'histoire. Ces notes – précision pour le moins significative – n'avaient strictement rien à voir avec une femme et un homme à New York. Ces notes – cette argenterie sur la table de la salle à manger après les soirées de fête, ces bars sous la pluie où la cheminée ne marchait jamais, ces chiffres indiquant où et quand les eaux du Sacramento monteraient – disent simplement ceci : *souviens-toi*. Ces notes révèlent que ce que j'avais vraiment dans la tête durant cette année-là à New York – ce que j'avais *dans la tête*, et non pas simplement *en tête* –, c'était une nostalgie de la Californie, le mal du pays, une mélancolie si obsessionnelle qu'elle éclipsait tout le reste. Afin de découvrir ce que j'avais dans la tête, il me fallait de la place. Il me fallait de la place pour les fleuves et pour la pluie et pour la façon dont les amandiers bourgeonnaient dans la région de Sacramento, de la place pour les canaux d'irrigation et de la place pour la peur des incendies de fours à bois, de la place pour jouer avec tout ce dont je me souvenais et que je ne comprenais pas. En fin de compte j'ai écrit non pas une nouvelle sur une femme et un homme à New York mais un roman sur la femme d'un cultivateur de houblon au bord du fleuve Sacramento. Ce roman allait devenir mon tout premier, il s'intitulait *Une saison de nuits* et je ne l'ai eu clairement en tête que cinq ans plus tard, au moment de le finir. J'imagine que les auteurs de nouvelles savent bien mieux ce qu'ils ont en tête.

La nouvelle exige qu'on ait une certaine conscience de ses propres intentions, une sorte de resserrement de la focale. Je vous donne un exemple. Un matin, en 1975, je me trouvais à bord du vol Pan American de 8 h 45 effectuant la liaison entre Los Angeles et Honolulu. En raison de « problèmes mécaniques » au départ de Los Angeles, le décollage avait été retardé d'une demi-heure. Pendant cet intervalle, les hôtesses de l'air ont servi aux passagers du café et du jus d'orange tandis que deux enfants jouaient à chat dans la travée centrale et que, quelque part derrière moi, un homme se mettait à hurler sur une femme qui était apparemment son épouse. Je dis que cette femme était apparemment son épouse uniquement parce que le ton de sa voix donnait l'impression qu'il était coutumier de ce genre d'invectives, même si les seuls mots que j'ai distinctement perçus étaient les suivants : « Tu me donnes des envies de meurtre. » Au bout d'un moment j'ai entendu la porte de l'avion s'ouvrir, quelques rangées derrière moi, et j'ai compris que cet homme était parti en courant. Il y avait beaucoup d'employés de la Pan American qui couraient dans tous les sens à ce moment-là, et une immense confusion. Je ne sais pas si l'homme a réembarqué avant le décollage ou si la femme est allée seule à Honolulu, mais j'y ai pensé pendant toute la traversée du Pacifique. J'y ai pensé pendant que je buvais un sherry on the rocks et j'y ai pensé pendant le déjeuner et j'y pensais encore quand les premières îles hawaïennes se sont profilées à la pointe de l'aile gauche de l'avion. Ce n'est que lorsque nous avons eu dépassé le cratère de Diamond Head et entamé notre descente au-dessus du récif pour atterrir à Honolulu, toutefois, que j'ai compris ce qui me déplaisait le plus dans cet incident : il me déplaisait parce qu'il avait les allures d'une nouvelle, l'une de ces « petites épiphanies » qui « entrouvrent une fenêtre sur le monde », l'une de ces histoires dans lesquelles le personnage principal est brièvement témoin d'un moment de crise dans la vie d'un inconnu – une femme en train de pleurer dans un salon de thé, bien souvent, ou un accident entraperçu derrière la vitre d'un train, les « salons de thé » et les « trains » étant aujourd'hui encore des figures récurrentes dans les nouvelles, même si ce n'est pas le cas dans la vraie vie –, ce qui l'amène à envisager sa propre existence sous un autre jour. Là encore, ma gêne procédait directement de ce besoin d'avoir de la place pour jouer avec ce que je ne comprenais pas. Je n'allais pas à Honolulu parce que j'avais envie de voir la vie se réduire à une nouvelle. J'allais à Honolulu parce que je voulais voir la vie s'élargir aux dimensions d'un roman, et c'est aujourd'hui encore ce que je veux. Je voulais non pas une fenêtre sur le monde mais le monde tout entier. Je voulais que tout puisse rentrer dans le cadre. Je voulais de la place pour les fleurs, pour les poissons du récif, et pour les gens qui avaient peut-être des envies de meurtre, ou pas, mais qui en tout cas n'éprouvaient pas la nécessité de se plier aux exigences des conventions narratives en exprimant ce sentiment à voix haute à bord du vol Pan American de 8 h 45 effectuant la liaison entre Los Angeles et Honolulu.

Pour expliquer ce qui m'a poussée à écrire trois nouvelles en 1964 et absolument aucune – exception faite des devoirs imposés en classe – au cours de n'importe quelle autre année, je ne peux avancer qu'une hypothèse, à savoir que mon premier roman venait tout juste d'être publié et que j'étais en proie à une crainte très répandue chez les gens qui viennent d'écrire un premier roman : la crainte de ne jamais en écrire un autre. (Du reste, c'est une crainte tout aussi répandue chez les gens qui viennent d'écrire un deuxième roman, un troisième roman et, pour ce que j'en sais, un quarante-quatrième roman, mais à l'époque j'avais l'impression d'être atteinte d'une affliction unique en son genre.) Assise derrière ma machine à écrire, j'étais persuadée qu'aucun sujet de roman ne me viendrait plus jamais. J'étais persuadée que je resterais à tout jamais en panne. J'étais persuadée que je finirais par « oublier comment ». Tant et si bien que, pour m'exercer les doigts en désespoir de cause, j'ai essayé d'écrire des nouvelles.

Je n'avais, et je n'ai, aucun talent dans ce domaine, aucune oreille pour la rythmique particulière de la nouvelle, aucune aptitude à faire entrer le monde par la petite fenêtre. La première de ces nouvelles, « Retour au bercail », adopte une forme simple et conventionnelle à l'extrême : il s'agit d'une de ces histoires dans lesquelles l'existence des personnages est censée se dévoiler à travers un simple dialogue, un dialogue manifestement entendu et rapporté par un témoin neutre. Cette forme exige une maîtrise absolue – prenez « Collines comme des éléphants blancs » de Hemingway, par exemple, et vous en verrez la plus parfaite expression –, or « Retour au bercail » trahit une absence totale de maîtrise. Une grande partie de la nouvelle ne ressemble guère qu'à un synopsis de roman rédigé en vue d'une adaptation au cinéma. Que vient faire cette mine de charbon du Kentucky dans cette histoire ? Qui a vu ces toiles impressionnistes ? Qui raconte l'histoire ? Pourquoi essayais-je d'écrire ce genre d'histoire si j'étais assez ignorante pour ne pas respecter les règles de base, faire les choses comme il faut, laisser le dialogue faire tout le boulot ? L'agacement que m'inspire « Retour au bercail » ne vaut pas moins pour « Le Ferry de Welfare Island », une nouvelle qui diffère de « Retour au bercail » techniquement parlant mais qui, elle aussi, relève d'un genre largement éprouvé. « Le Ferry de Welfare Island » est une nouvelle qui fonctionne sur le principe du « choc de la révélation », une nouvelle dans laquelle le lecteur est censé appréhender, tardivement et très soudainement, quelque chose dont les protagonistes eux-mêmes n'ont pas conscience. Il y a dans cette histoire une seule et unique révélation, retenue jusqu'au dernier moment : l'un des personnages est atteint de démence. Mon instinct aujourd'hui – et c'est un instinct fatal pour l'impulsion narrative – serait de dire d'emblée : « Cette fille s'est retrouvée embarquée dans une histoire avec quelqu'un qui est fou comme un lapin », puis de me lancer.

En revanche, je n'éprouve pas le moindre agacement à l'égard de la troisième de ces nouvelles, « Quand la musique nous est-elle venue ainsi ? Était-ce hier, mes chers petits ? ». Non pas que je trouve cette nouvelle particulièrement réussie ; en tant que nouvelle, elle ne fonctionne même pas du tout. Il s'agit plutôt d'une sorte de longue note en prévision d'un roman à venir, d'un exercice au sens strict du terme. C'est avec « Quand la musique » que j'ai appris – ou que j'ai commencé à apprendre – à employer la première personne. C'est avec « Quand la musique » que j'ai appris – ou que j'ai commencé à apprendre – à créer une tension narrative grâce à la seule juxtaposition du passé et du présent. J'aurais dû savoir ce que j'ai appris en écrivant cette nouvelle avant d'écrire mon premier roman. Si je n'avais pas écrit cette nouvelle, je n'aurais jamais écrit de deuxième roman. Si fruste et imparfaite soit-elle, il me semble que c'est de loin la plus intéressante des trois.

C'est aussi celle que j'ai eu le plus de mal à faire publier. « Retour au bercail » a paru dans le *Saturday Evening Post*. « Le Ferry de Welfare Island », dans *Harper's Bazaar*. « Quand la musique nous est-elle venue ainsi ? » n'a été publiée nulle part pendant très, très longtemps. C'était, curieusement, une « commande » de Rust Hills, qui était rédacteur en chef des pages fiction du *Post* à l'époque. Il m'avait appelée ou écrit – je ne sais plus – pour me dire que le *Post* envisageait de faire un numéro « thématique » sur les enfants, un numéro dans lequel tous les articles et toutes les nouvelles auraient un rapport – même lointain – avec l'enfance. Un certain nombre d'écrivains s'étaient vu proposer d'écrire une nouvelle pour ce numéro. Chacun toucherait une « garantie », c'est-à-dire un forfait minimum, que leur nouvelle soit publiée ou non ; toutes ne le seraient pas. J'ai écrit la mienne et je l'ai envoyée. J'étais représentée à l'époque par l'agence William Morris, et les lettres qui suivent, adressées chez moi en Californie par l'antenne new-yorkaise de l'agence, donnent une idée du parcours éditorial hasardeux de cette nouvelle :

9 octobre 1964 : « Comme vous le savez sans doute, Rust a contacté un très grand nombre d'écrivains pour le numéro spécial enfants, et la garantie pour tout le monde est de 200 $ forfaitaires. Pour la nouvelle proprement dite, ils sont prêts à payer 1 750 $, soit 250 $ de plus que pour votre dernière nouvelle. Merci de me dire si cela vous convient, et si tel est le cas nous confirmerons l'accord en votre nom (…). »

30 novembre 1964 : « Je suis vraiment navré de ne pas avoir de meilleure nouvelle à vous annoncer, mais Rust Hills nous a retourné QUAND LA MUSIQUE NOUS EST-ELLE VENUE AINSI ? ÉTAIT-CE HIER, MES CHERS PETITS ? (…) Bien entendu nous vous enverrons le chèque de garantie dès que nous l'aurons reçu. Dans la mesure où vous nous avez dit vouloir retravailler cette nouvelle, je me demandais si vous souhaitiez que nous vous renvoyions le manuscrit dès à présent (…). »

8 décembre 1964 : « (…) dans l'attente de recevoir les manuscrits révisés du FERRY et de QUAND LA MUSIQUE NOUS EST-ELLE VENUE AINSI ? (…). »

11 décembre 1964 : « (…) Nous avons envoyé la version révisée des deux nouvelles – LE FERRY au *Bazaar* et QUAND LA MUSIQUE NOUS EST-ELLE VENUE AINSI ? au *New Yorker* (…). »

13 avril 1965 : « (…) Le manuscrit est désormais chez *Esquire* et je ne manquerai pas de vous tenir au courant dès que nous aurons un retour de lecture (…). »

2 juin 1965 : « Je suis vraiment navré de ne toujours pas être en mesure de vous annoncer de bonnes nouvelles concernant QUAND LA MUSIQUE NOUS EST-ELLE VENUE AINSI ? ÉTAIT-CE HIER, MES CHERS PETITS ? Depuis ma dernière lettre, le texte a été refusé par *Esquire* et *Harper's Bazaar*. *Bazaar* précise qu'ils adorent ce que vous écrivez mais qu'à leur avis la MUSIQUE n'est pas aussi bon que LE FERRY DE WELFARE ISLAND (…). »

2 août 1965 : « Comme vous le savez, nous avons proposé QUAND LA MUSIQUE NOUS EST-ELLE VENUE AINSI ? ÉTAIT-CE HIER, MES CHERS PETITS ? aux magazines, et voici la liste des rédactions qui l'ont eu en lecture. Le *Saturday Evening*

Post : "Nous sommes nombreux à l'avoir lu et un grand nombre d'entre nous ont fait part de leur enthousiasme et de leur admiration pour ce texte. D'autres, dont Bill Emerson qui détient le vote final, l'ont tout autant admiré mais ont trouvé que ce n'était pas pour le *Post*, non pas tant à cause du sujet que du parti pris narratif indirect." Le *New Yorker* : "dans l'ensemble ça ne fonctionne pas assez bien". *Ladies' Home Journal* : "trop négatif pour nous". *McCall's* : "Je suis profondément désolé de refuser cette nouvelle – non pas parce que je pense que c'est une nouvelle particulièrement bien menée mais parce que l'écriture est époustouflante. Elle a vraiment une façon singulière d'inclure le lecteur (…) mais je dois décliner, à regret, parce que je ne crois pas que ce soit une nouvelle très réussie au bout du compte." *Good Housekeeping* : "merveilleusement écrit, très réel, et tellement déprimant que je vais passer le reste de l'après-midi accablé par une chape d'angoisse et de mélancolie (…) je suis navré mais nous ne sommes guère enclins à soumettre nos lecteurs à une épreuve aussi pénible". *Redbook* : "trop sec". *Atlantic Monthly* : "J'espère que vous continuerez à nous envoyer des textes de Joan Didion, mais celui-ci ne marche pas, aussi nous vous le renvoyons." *Cosmopolitan* (envoyé deux fois en raison d'un changement d'équipe éditoriale) : "trop déprimant". *Esquire* : pas de commentaire. *Harper's Bazaar* : "Alors que LE FERRY DE WELFARE ISLAND est pour ainsi dire ma nouvelle préférée parmi toutes celles que nous avons publiées (…) à mon sens QUAND LA MUSIQUE NOUS EST-ELLE VENUE AINSI ? n'est pas aussi réussi." *Vogue* : "pas pour nous". *Mademoiselle* : "pas en mesure d'utiliser cette nouvelle en particulier". Le *Reporter* : "hélas, pas pour le *Reporter*". Je crains qu'à ce stade nous n'ayons en tête aucun autre marché où placer cette nouvelle, en dehors des revues. J'aimerais la proposer à certaines d'entre elles, à moins que vous ayez d'autres idées. Merci de me dire ce que vous en pensez. »

7 novembre 1966 : « (…) Je l'avais envoyée (…) au *Denver Quarterly* qui m'informe qu'ils aimeraient la publier dans leur quatrième numéro, à paraître juste après le Premier de l'an. Ils rétribuent à hauteur de 5 minuscules dollars la page, et comme la nouvelle représenterait environ dix pages pour eux, ils vous paieraient 50 $. Merci de me dire si vous souhaitez que nous leur donnions notre accord en votre nom. Pour mémoire, nous avons soumis le manuscrit aux marchés suivants avant de l'envoyer au *Denver* : *Saturday Evening Post*, *New Yorker*, *Ladies' Home Journal*, *Cosmopolitan*, *McCall's*, *Good Housekeeping*, *Redbook*, *Atlantic Monthly*, *Cosmopolitan* (deuxième envoi), *Esquire*, *Harper's Bazaar*, *Vogue*, *Mademoiselle*, *Reporter*, *Harper's*, *Hudson Review*, *Kenyon Review*, *Virginia Quarterly*, *Ladies' Home Journal* (deuxième envoi), *Paris Review*, *Yale Review* et *Sewanee Review*. Avec mes meilleurs vœux… »

Les *meilleurs vœux* n'étaient pas de trop, en effet. La nouvelle a été publiée dans le numéro du *Denver Quarterly* daté de l'hiver 1967. À l'hiver 1967, j'avais entamé un deuxième roman, et je n'ai plus jamais écrit de nouvelles. Je doute de plus jamais en écrire.

1978

Certaines femmes

Il y a quelques années j'avais un travail, au magazine *Vogue*, qui consistait notamment à aller dans des studios de photographes et de regarder des femmes se faire photographier. Ces photos étaient destinées non pas aux pages mode mais à la rubrique « reportage » de *Vogue* ; il s'agissait de portraits de femmes mises à l'honneur pour telle ou telle raison, connues (en général) parce qu'elles avaient joué dans un film ou dans une pièce de théâtre ou bien connues (moins souvent) parce qu'elles avaient découvert un vaccin ou bien connues (plus souvent que nous ne faisions semblant de le croire) simplement parce qu'elles étaient connues. « Ce que vous voulez, du moment que vous vous sentez à l'aise », avions-nous pour instruction de répondre si d'aventure le sujet nous demandait quelle tenue elle devrait porter pour la séance photo. « Tout ce qui compte pour nous, c'est que vous soyez vous-même. » Nous acceptions sans réserve, autrement dit, la tradition conventionnelle du portrait, qui postulait que d'une manière ou d'une autre, à un moment au cours de la transaction entre l'artiste et le sujet, la « vérité » sur ce dernier allait être révélée ; que le photographe allait pénétrer et saisir je ne sais quelle « essence », je ne sais quelle dimension secrète de sa personnalité ou de son caractère invisible à l'œil nu.

Ce qui se passait en réalité au cours de ces séances, comme dans toutes les séances photo, était une transaction d'un genre tout à fait différent : il était entendu que le succès dépendait au contraire de la mesure dans laquelle le sujet était disposé, par une sorte de conspiration tacite, à ne pas être « elle-même », justement, mais celle ou ce que le photographe voulait voir dans l'objectif. De ces interminables matinées et après-midi passés en studio (que ledit studio soit situé *uptown* ou *downtown*, qu'il appartienne à Irving Penn ou à Bert Stern ou à Duane Michals ou à n'importe quel autre photographe parmi la petite dizaine qui réalisait des portraits pour *Vogue* à l'époque, on disait toujours « le studio », un espace professionnel générique, réflexe syntaxique hérité des années pendant lesquelles tous les photographes employés par *Vogue* travaillaient dans le propre studio du magazine), je me rappelle surtout les petites astuces, les moments d'improvisation, les efforts requis pour faire en sorte que le photographe voie ce qu'il voulait voir. Je me souviens notamment d'une séance où on avait recouvert l'objectif d'un chiffon noir. Je me souviens d'une autre durant laquelle, après que le « ce que vous voulez » revêtu par le sujet ce jour-là pour se sentir à l'aise eut été examiné sur les Polaroid et jugé inadapté, j'ai prêté ma propre robe au sujet et passé le reste de la séance emmitouflée dans mon imperméable. D'où cette leçon précocement apprise : il y aurait toujours,

terme, ou le devenaient non seulement grâce aux artifices de la lumière et du maquillage mais de par leur façon de se présenter devant l'objectif : c'étaient des femmes professionnelles, des performeuses face à l'objectif. Des femmes qui savaient tracer leur voie dans le monde. Des femmes qui savaient beaucoup de choses, et ce qu'elles savaient n'encourageait manifestement pas à la certitude. Certaines faisaient face à l'objectif les yeux fermés, comme en pâmoison charnelle, ou prises d'un vertige victorien. D'autres l'abordaient de manière si frontale qu'on les croyait saisies d'un brusque accès de folie passagère ; elles donnaient l'impression d'habiter un monde dans lequel la survie dépendait de la capacité à séduire, à envoûter, à intriguer, à tromper. *Chantez pour votre souper*, nous dit quelque chose dans ces photos, *et vous aurez votre petit déjeuner*.

Un oiseau qui chante a toujours à manger : ce n'est pas là une idée « moderne », pas plus que les femmes sur les photos de Mapplethorpe ne s'offrent à notre regard comme des femmes modernes. Il y avait dans certaines de ces photographies des images de domination et de soumission évoquant le dix-neuvième siècle, l'inconfort érotique des lanières, du cuir et des talons de douze centimètres, de ces chaussures qui faisaient plisser la peau du cou-de-pied de celle qui les portait. Il y avait des vierges damnées (les yeux baissés, les mains jointes), et des indices de mortalité, la peau comme du marbre, les visages comme des masques, un éclat surnaturel, le halo phosphorescent que nous attribuons parfois aux anges, et à la chair en décomposition.

L'idéalisation à l'œuvre ici n'appartenait jamais au temps présent. Les photos de Mapplethorpe destinées à vendre des maillots de bain évoquaient non pas le corps athlétique associé à un présent idéalisé, non pas la liberté de mouvement, pas du tout, mais le bondage, la fessée, les rêves sexuels de l'Angleterre impériale. Le visage familier de Grace Jones, tel que l'a photographié Mapplethorpe, évoquait non pas le futur androgyne dont il devait devenir le symbole mais la passion du dix-neuvième siècle pour l'exotique, la vision romantique de l'Afrique, de l'Égypte. Une photo de mode de Mapplethorpe, le « Thomas » nu et noir en train de danser avec la « Dovanna » d'une blancheur spectrale, évoquait le ballet classique, le pas de deux dans lequel le traître séduit la femme trahie, ressurgie d'entre les morts, la *prima ballerina* de la danse des ombres.

Même les petites filles, telles que les a photographiées Mapplethorpe, semblaient victoriennes, non pas des enfants dans l'acception moderne du terme mais des êtres doués de sensations, des créatures à barrettes et peluches et néanmoins chargées de gravité et de responsabilité ; des petites adultes, qui nous dardaient des regards empreints de l'absolue clarté de ce qu'elles savaient et de ce qu'elles ne savaient pas encore. De manière perverse, parmi toutes les femmes que Mapplethorpe a photographiées, seule Yoko Ono, peut-être, se présentait comme une femme « moderne », entièrement maîtresse d'elle-même, une femme qui avait triomphé des contraintes du sexe et de la célébrité pour apparaître devant nous comme une survivante d'âge mûr, le col de veste sage, les yeux clairs, les cheveux permanentés. Il y avait quelque chose d'intéressant dans tout cela, et de volontaire, et cette volonté n'était pas celle des « sujets ».

Il y a toujours eu chez Robert Mapplethorpe une convergence étonnante d'impulsions résolument romantiques. Il y avait le romantisme de tout ce qui semblait s'écarter des conventions. Il y avait le romantisme de l'art pour l'art. Il y avait la volonté de tester les limites ultimes du possible, d'explorer l'« intéressant » (« Je me disais juste que ce serait une idée intéressante, d'avoir un anneau dans le téton », confiait-il à la BBC à propos du film de jeunesse *Robert se fait faire un piercing au téton*, le romantisme de l'extrême). Il y avait le romantisme du petit garçon catholique issu des classes moyennes populaires du Queens (« Ce n'était pas ce que je voulais », a-t-il déclaré un jour à ce propos) qui est monté à la ville et a traversé le miroir, s'est réinventé en Rimbaud des bains.

Le fait que le martyre romantique ait fini par revenir à la mode sous la forme du style *downtown* dans la plus grande ville bourgeoise de l'histoire du monde moderne était à tous égards, historiquement parlant, prévisible, et pourtant le travail de Robert Mapplethorpe a souvent été considéré comme un sport esthétique, si radicalement déconnecté de tout contexte historique ou social, et si « nouveau », qu'il résistait à toutes les interprétations. Cette « nouveauté » est même devenue une idée si bien ancrée dans les esprits quand on évoque Mapplethorpe que nous avons tendance à ignorer la source de sa force, laquelle procédait, dès le départ, moins du choc de la nouveauté que du choc de l'ancien, du trouble inédit de la confrontation à un univers moral fixe. Il y avait toujours à l'œuvre dans son travail la tension, pour ne pas dire la lutte, entre la lumière et les ténèbres. Il y avait l'exaltation de l'impuissance. Il y avait la séduction de la mort, le fantasme de la crucifixion.

Il y avait, surtout, l'imposition périlleuse de l'ordre sur le chaos, de la forme classique sur des images inconcevables. *Ça a toujours été comme ça quand je mets des choses ensemble. Très symétrique.* « Je n'aime pas ce mot, "choquant" », déclarait Robert Mapplethorpe au magazine *ARTnews* fin 1988, alors qu'il luttait contre la maladie et qu'on lui demandait, une fois de plus, de parler de la fameuse série des photos cuir. « Je recherche l'inattendu. Je recherche des choses que je n'ai encore jamais vues. Mais j'ai du mal avec le mot "choquant" parce que rien ne me choque vraiment – j'étais en situation de prendre ces photos, c'est tout. Je me sentais dans l'obligation de les faire. » Ces mots sont ceux de quelqu'un dont le sujet, en fin de compte, était précisément la symétrie avec laquelle lui-même avait disposé les choses.

1989

Le coureur de fond

Il y a chez mon mari et moi deux photographies de Tony Richardson. Sur la plus ancienne des deux, sans doute prise en 1981, il chevauche une dolly sur laquelle est montée une caméra Panaflex, quelque part près d'El Paso : un homme follement accaparé – ensorcelé, transfiguré – par l'acte de créer des images, en l'occurrence des images de film, le genre de film qui coûte des dizaines de milliers de dollars de pellicule par jour, le genre de film dont on expédie les rushes au studio tous les soirs par avion et qui provoque une légère crispation chez les spectateurs assis dans la salle de projection quand le numéro de la prise surgit brièvement à l'écran, un film qui emploie une énorme équipe de tournage et une star *bankable*, Jack Nicholson, *Police frontière*. La seconde photo, plus récente, a été prise sur un tournage en décors extérieurs en Espagne à la fin de l'automne 1989. On est en train, semble-t-il, de tourner un plan-séquence. Nous voyons le cadreur, le perchman, le réflecteur. Nous voyons les acteurs, James Woods et Melanie Griffith. Et, tout à gauche du cadre, en jean, tennis et parka rouge, nous voyons le réalisateur : un homme visiblement moins fringant qu'il ne le paraissait lorsqu'il chevauchait la dolly près d'El Paso mais tout aussi follement accaparé – ensorcelé, transfiguré – par l'acte de créer des images, en l'occurrence un film de vingt et une minutes pour la télévision, l'adaptation de « Collines comme des éléphants blancs » d'Ernest Hemingway pour la chaîne HBO.

Je n'ai jamais rencontré personne qui aime autant créer, ni personne qui éprouve aussi peu d'intérêt pour ce qu'il a déjà créé. Ce que Tony aimait, c'était le simple fait de créer ; qu'il s'agisse d'un long-métrage, d'une pièce de théâtre ou d'un téléfilm de vingt et une minutes, sa nature particulière, son succès potentiel ou son public potentiel n'avaient aucune importance à ses yeux, aucun intérêt, absolument rien à voir. La pureté de son enthousiasme lorsqu'il montait, disons, un *Comme il vous plaira* pour quelques représentations dans un théâtre communautaire à Long Beach, ou un *Antoine et Cléopâtre* avec des acteurs de télé dans un grand théâtre de Los Angeles, était totale : l'idée que de tels projets puissent avoir un moindre potentiel intrinsèque que ses mises en scène des mêmes pièces à Londres avec Vanessa Redgrave lui était complètement étrangère. Je me souviens de l'avoir entendu promettre, à propos de l'*Antoine et Cléopâtre* à Los Angeles : « Il se passe quelque chose d'absolument magique à la fin. » Il parlait non pas de son travail mais *du travail*, de la création collective de ce moment sur une scène immense. Je me souviens de l'avoir entendu annoncer : « Tout est magique, un rêve », un jour qu'il m'appelait d'Espagne pour demander un tout petit changement (le scénario, que mon mari et moi avions écrit, voulait que les personnages principaux traversent un cours d'eau, mais le cours d'eau là-bas était trop froid) sur « Collines comme des éléphants blancs ». Il parlait, là encore, non pas de son travail mais du travail, de cet état suspendu dans lequel le cours d'eau glacé, l'oliveraie et l'homme pas tout à fait fringant en parka rouge pouvaient être composés et recomposés, contrôlés, gravés tels quels en mémoire.

La « magie », voilà ce que Tony a toujours voulu, dans la vie et dans le travail, et, comme la plupart des gens qui aiment ce qu'ils font, il ne faisait aucune distinction entre les deux. « Je veux que ce soit magique », disait-il, qu'il soit en train de préparer un film ou un petit spectacle de théâtre chez lui ou un pique-nique sur la plage au clair de lune : il voulait de la magie et il la créait, et pour la créer il hypothéquait sa maison, renonçait à son propre cachet, commençait à tourner la veille d'une grève des acteurs. Quand il ne faisait pas du cinéma ou du théâtre, il créait le même genre de magie chez lui : un déjeuner, un dîner ou un été, à ses yeux tout était matière à filmer, à enregistrer sur la pellicule pour voir ce que ça donnait. Sa maison était un décor, envahi de fleurs, d'oiseaux, de soleil et d'enfants, d'amours passées et présentes, de toutes les possibilités de confrontation imaginables ; des forêts d'Arden, une île de Prospéro, une lubie de réalisateur. « Venez en France avec moi en juillet », s'est-il exclamé un soir à dîner, et quand mon mari et moi lui avons dit que nous ne pouvions pas, il s'est tourné vers notre fille, alors âgée de quatorze ans, et il a décrété que, dans ce cas, elle viendrait seule. Et c'est ce qui s'est passé. Tony semblait avoir enrôlé des dizaines de personnes dans sa lubie en ce mois de juillet, et quand nous sommes venus récupérer Quintana, elle nageait *topless* à Saint-Tropez, passait la nuit à danser, parlait français et se faisait courtiser par deux Italiens persuadés qu'elle était étudiante à UCLA. « C'était absolument magique », a dit Tony.

C'est aussi à cause de ce désir de créer de la magie que Tony pouvait être notoirement dogmatique, obstiné, inlassablement prêt à se fourrer dans les situations les plus délicates tant qu'elles étaient susceptibles de faire jaillir l'étincelle. Très souvent, par exemple, je l'ai entendu parler avec emphase et enthousiasme des vertus de la « colorisation » des films en noir et blanc, chaque fois à quelqu'un qui venait de signer une pétition ou d'écrire une tribune ou d'obtenir une injonction judiciaire pour s'opposer à la colorisation. « S'ils avaient eu la couleur à l'époque, ils auraient tourné en couleur », disait-il, accentuant chaque syllabe avec force, selon un mode d'énonciation déclaratif qui lui donnait, pour reprendre le mot de John Osborne, « la voix la plus imitée de la profession ». « *Tout ça c'est de la foutaise de snobinards. La couleur, c'est mieux.* » Je l'ai entendu en deux occasions prendre passionnément la défense du joueur de tennis John McEnroe, qui avait eu, affirmait Tony, « un geste magnifique » en brisant sa raquette pendant un match à Wimbledon ; cet état d'esprit provenait en partie, bien entendu, de l'anarchisme fondamental de Tony, de sa haine viscérale du système de classe anglais et des rituels sportifs qui allaient avec.

Mais c'était tout autant l'expression d'une envie de provoquer l'interlocuteur, de donner une structure à la soirée, de faire en sorte que la scène fonctionne. Tony adorait ce genre de moments que la plupart d'entre nous cherchent à éviter. Le consensus social était à ses yeux quelque chose d'inconcevable, d'étouffant, tout ce à quoi il avait tourné le dos. Les éclats de voix étaient la matière même du théâtre, de la liberté. Je me souviens de son coup de fil, un matin, au lendemain d'un dîner à Beverly Hills qui avait subitement dégénéré quand mon mari et un de ses vieux amis, Brian Moore, avaient commencé à se hurler dessus. Il y avait huit personnes à table (six, après que mon mari était parti en claquant la porte et que j'avais moi-même pris la fuite), dont Tony, que la tournure de la soirée semblait réjouir au plus haut point : cette dispute avait été l'élément « magique » inattendu de la soirée, la soudaine mise en péril d'un sympathique dîner entre amis, la réalisation d'une possibilité dramatique.

J'ai repensé aux premiers moutons que je me rappelle avoir jamais vus – des centaines de moutons, et le moment où notre voiture avait soudain déboulé au beau milieu de ce troupeau sur le terrain derrière le vieux studio Laemmle. Ils n'étaient pas très contents qu'on les filme, mais les types en voiture avec nous n'arrêtaient pas de dire :

« C'est ça que tu voulais, Dick ?

— C'est fantastique, non ? » Et le dénommé Dick, debout dans la voiture, tel Cortez ou Balboa, contemplait cette grande houle grise et laineuse.

F. Scott Fitzgerald, *Le Dernier Nabab*

Tony est mort, des suites d'une infection neurologique causée par le sida, au St Vincent's Hospital de Los Angeles le 14 novembre 1991. Il avait commencé à écrire ce livre quelques années plus tôt, pendant l'une de ces nombreuses périodes au cours desquelles il attendait qu'un scénario ou un autre, un élément, une pièce du puzzle financier se mette en place pour lui permettre de se dresser une fois de plus dans la voiture tel Cortez ou Balboa et de contempler le spectacle qu'il voulait créer cette fois-ci. La plupart des gens qui font du cinéma apprennent à endurer ces périodes d'oisiveté forcée, certains mieux que d'autres, et comme Tony appartenait à la catégorie des autres, il avait tendance, dans ce genre de périodes, à multiplier le nombre de balles avec lesquelles il jonglait – commander un nouveau scénario, revoir une dernière fois le type qui tenait les cordons de la bourse, se lancer dans je ne sais quelle escapade particulièrement ardue (« Tu ne sais pas t'amuser », m'a-t-il reproché le jour où j'ai décliné de le suivre dans un projet de week-end impliquant des injections de choléra), *intensifier le moment*. Écrire ce livre, a-t-il dit le soir où il en a parlé pour la première fois, était « quelque chose à faire », puis il n'en a plus jamais parlé. Quand nous l'avons questionné à ce sujet, quelque temps plus tard, il a dit qu'il avait laissé tomber. Je me souviens qu'il a dit : « C'est inutile. Complètement inutile. » Croyait-il que c'était ce livre qui était inutile, ou le fait de l'écrire, ou le simple fait de se retourner sur le passé ? Je ne l'ai jamais su.

Je ne savais pas non plus, jusqu'à l'après-midi du jour de sa mort, quand quelqu'un qui avait tapé le manuscrit pour lui l'a donné à ses filles, qu'il avait terminé ce livre, et je ne sais toujours pas quand, au juste, il l'a terminé. Le livre ne parle pas du travail qu'il a réalisé pendant les sept années écoulées entre *L'Hôtel New Hampshire* et le moment de sa mort, et il mentionne dans les toutes dernières pages qu'il a cinquante-sept ans, ce qui laisse penser qu'il les aurait écrites six ans avant sa mort, et pourtant il y a dans ces dernières pages une finalité, une impression d'*adieu* qui ne lui ressemble pas. Ce n'était pas un homme qui s'intéressait beaucoup au passé. Ni un homme accablé par le désespoir ; les seules fois où je le voyais effondré, c'était lorsqu'il décelait de la tristesse, de la souffrance ou même un moment de doute fugace chez l'une de ses filles. Et pourtant il écrit :

Mes trois filles me regardent droit dans les yeux, sur des photos accrochées à un panneau en liège, au moment même où j'écris ces mots. Et chaque fois que le regard de l'une ou de l'autre croise le mien, j'ai l'impression qu'elles me posent cette seule question – qu'est-ce qui nous attend maintenant ? Au théâtre, de même qu'une superstition bien connue vous interdit de citer ou de mentionner « la pièce écossaise » *Macbeth* de peur d'attirer le mauvais œil, une autre superstition veut qu'on ne prononce jamais le dernier mot ou le dernier vers d'une pièce de la Restauration avant la première. Il est pour moi tout aussi difficile de finir ce livre que de prononcer ce dernier mot. Je peux dire à Natasha et à Joely et à Katharine que je les aime de tout mon cœur, mais je sens qu'elles veulent plus que ça.

Savait-il, depuis six ans, qu'il allait mourir ? Ou aurait-il dit que parler de « mourir » dans ce sens n'était que de la foutaise sentimentale, puisque nous allons tous mourir ? « Il n'y a pas de réponse », écrit-il ailleurs dans ce livre à propos du jour où il a appris quelque chose qu'il ignorait à propos de quelqu'un qu'il aimait. « Rien qu'une étrange tristesse spectrale – des anges qui passent au-dessus de nous, ou comme dans ce moment au deuxième acte de *La Cerisaie* lorsque Madame Ranevsky entend un bruit au loin évoquant une corde de violon qui casse. » J'imagine qu'il s'est rarement passé une semaine durant ces six années sans que nous ayons discuté ou déjeuné ou passé une soirée ensemble. Nous passions nos vacances ensemble. Sa fille Natasha s'est mariée dans notre maison. Je l'aimais. Et pourtant je ne sais rien.

1993

Derniers mots

In the late summer of that year we lived in a house in a village that looked across the river and the plain to the mountains. In the bed of the river there were pebbles and boulders, dry and white in the sun, and the water was clear and swiftly moving and blue in the channels. Troops went by the house and down the road and the dust they raised powdered the leaves of the trees. The trunks of the trees too were dusty and the leaves fell early that year and we saw the troops marching along the road and the dust rising and leaves, stirred by the breeze, falling and the soldiers marching and afterward the road bare and white except for the leaves.

Cette année-là, à la fin de l'été, nous habitions une maison, dans un village qui, par-delà la rivière et la plaine, donnait sur les montagnes. Dans le lit de la rivière il y avait des cailloux et des galets, secs et blancs au soleil, et l'eau était claire, et fuyait, rapide et bleue dans les courants. Des troupes passaient devant la maison et s'éloignaient sur la route, et la poussière qu'elles soulevaient poudrait les feuilles des arbres. Il y avait également de la poussière sur le tronc des arbres, et, cette année-là, les feuilles tombèrent de bonne heure, et nous voyions les troupes passer sur la route ; poussière soulevée ; chute des feuilles détachées par la brise ; soldats en marche, et de nouveau la route solitaire et blanche sous les feuilles.

On aura reconnu le célèbre premier paragraphe de *L'Adieu aux armes* d'Ernest Hemingway[1], que j'ai eu envie de relire après avoir récemment appris la publication posthume, l'année prochaine, de ce qui fut apparemment le tout dernier roman écrit par Hemingway. Ce paragraphe, publié en 1929, mérite qu'on s'y arrête : quatre phrases d'une simplicité trompeuse, 126 mots, dont l'agencement me paraît tout aussi mystérieux et galvanisant aujourd'hui qu'à l'époque où je les ai lus pour la première fois, à douze ou treize ans ; je me disais alors qu'à force de les décortiquer et de m'entraîner je parviendrais moi aussi un jour à agencer de la sorte 126 mots. Un seul de ces mots comporte trois syllabes. Vingt-deux en comportent deux. Les 103 restants n'en comportent qu'une. Vingt-quatre de ces mots sont « *the* » [le, la ou les], quinze sont « *and* » [et]. Il y a quatre virgules. La cadence liturgique de ce paragraphe est due en partie à l'emplacement des virgules (leur présence dans la deuxième et la quatrième phrase, leur absence dans la première et la

---

1. Traduction française de Maurice-Edgar Coindreau (Gallimard, 1938). L'analyse statistique et syntaxique à laquelle se livre l'auteure dans les pages qui suivent (nombre de phrases, de mots, de lettres, de syllabes, de virgules, etc.) s'appuie bien entendu sur la version originale en langue anglaise.

troisième), mais aussi à cette répétition de « *the* » et de « *and* », qui crée un rythme scandé de telle manière que l'omission de « *the* » avant le mot « *leaves* » [feuilles] dans la quatrième phrase (« *and we saw the troops marching along the road and the dust rising and leaves, stirred by the breeze, falling* ») provoque exactement ce qu'elle est censée provoquer, un frisson, une prémonition, un présage de l'histoire à venir, elle nous fait comprendre que l'auteur a déjà délaissé la fin de l'été pour focaliser son attention sur une saison plus sombre. Le pouvoir de ce paragraphe, en tant qu'il donne l'illusion mais non pas le fait avéré d'une spécificité, puise sa source précisément dans ce genre d'omission délibérée, dans la tension créée par la rétention de certaines informations. À la fin de l'été de *quelle* année ? *Quelle* rivière, *quelles* montagnes, *quelles* troupes ?

Nous connaissons tous la « vie » de l'homme qui a écrit ce paragraphe. Les charmes impudents des détails domestiques sont restés gravés dans le flot de la mémoire nationale : *Ernest et Hadley n'ont pas d'argent, alors ils skient à Cortina tout l'hiver. Pauline les rejoint, Ernest et Hadley se disputent à propos de Pauline, alors ils partent tous se réfugier à Juan-les-Pins. Pauline tombe malade et passe sa convalescence au Waldorf-Astoria.* Nous avons vu les clichés : le grand écrivain affrontant les taureaux de Pampelune, pêchant le marlin au large de La Havane, boxant à Bimini, traversant l'Èbre avec les républicains espagnols, posant agenouillé à côté de « son » lion ou de « son » buffle ou de « son » oryx dans la plaine du

Serengeti. Nous avons suivi la trajectoire des proches encore en vie du grand écrivain, lu ses lettres, déploré ou tiré des leçons de ses excès, de ses prétentions affichées, des bassesses de son machisme personnel revendiqué, des indignités tout à la fois causées et révélées par son apparente complaisance à l'égard de sa propre célébrité.

« Je voudrais signaler à votre attention un jeune homme du nom d'Ernest Hemingway, qui vit à Paris (il est américain), écrit pour la *Transatlantic Review* et a un brillant avenir devant lui, écrivait F. Scott Fitzgerald à Maxwell Perkins[1] en 1924. Ne passez pas à côté. C'est un vrai de vrai. » Le temps de voir son brillant avenir simultanément accompli et détruit, « le vrai de vrai » s'était engouffré dans la vallée de la plus extrême fragilité émotionnelle, sujet à des épisodes dépressifs si graves qu'en février 1961, au sortir du premier des deux traitements par électrochocs qu'il devrait subir, il était incapable d'aller même au bout de l'unique petite phrase qu'il avait accepté d'écrire dans le cadre d'un volume cérémoniel pour le président John F. Kennedy. Aux premières heures de la matinée du 2 juillet 1961, le grand écrivain sortit de son lit à Ketchum, Idaho, descendit, prit un fusil de chasse Boss à double canon dans un débarras à la cave, et se vida les deux canons en plein milieu du front. « Je suis descendue, raconta sa quatrième femme, Mary

---

1. Maxwell Perkins (1884-1947) : célèbre éditeur américain qui découvrit et publia, entre autres, Fitzgerald, Hemingway et Thomas Wolfe.

Welsh Hemingway, dans ses Mémoires publiés en 1976, *Comment c'était*, j'ai vu un tas informe par terre, une robe de chambre baignant dans le sang, le fusil posé à côté de la chair désintégrée, dans le vestibule du salon. »

La portée didactique de la biographie était telle qu'on en oubliait parfois que l'écrivain en question avait en son temps renouvelé la langue anglaise, modifié les rythmes de la façon dont sa propre génération et les suivantes allaient parler, écrire et penser. La grammaire elle-même d'une phrase de Hemingway dictait, ou était dictée par, une certaine manière de regarder le monde, une manière d'observer sans prendre part, une manière d'éprouver sans s'attacher, une sorte d'individualisme romantique distinctement adapté à son époque et à sa source. Si nous adhérions à ces phrases, nous verrions les troupes défiler sur la route, mais nous ne défilerions pas forcément avec elles. Nous serions témoins, mais pas acteurs. Nous ferions, comme Nick Adams dans la série des nouvelles dont il est le protagoniste et comme Frédéric Henry dans *L'Adieu aux armes*, une paix séparée : « À l'automne la guerre était toujours là, mais nous n'y allions plus. »

L'effet de cette diction hemingwayenne était si pénétrant qu'elle devint la voix non seulement de ses admirateurs mais même de ceux dont la vision du monde n'était absolument pas ancrée dans l'individualisme romantique. Je me rappelle avoir été étonnée, à l'époque où je faisais cours sur George Orwell à Berkeley en 1975, de constater à quel point on entendait du Hemingway dans ses phrases. « Les collines devant nous étaient grises et ridées comme la peau des éléphants », avait écrit Orwell dans *Hommage à la Catalogne* en 1938. « Les collines de la vallée de l'Èbre étaient longues et blanches », avait écrit Hemingway dans « Collines comme des éléphants blancs » en 1927. « Une masse de mots latins tombe sur les faits comme une fine couche de neige, estompant les contours et recouvrant tous les détails », avait écrit Orwell dans « La Politique et la langue anglaise » en 1946. « J'ai toujours été embarrassé par les mots : sacré, glorieux, sacrifice, et par l'expression "en vain", avait écrit Hemingway dans *L'Adieu aux armes* en 1929. Il y avait beaucoup de mots qu'on ne pouvait plus tolérer et, en fin de compte, seuls les noms des localités avaient conservé quelque dignité. »

Voilà un homme pour qui les mots avaient de l'importance. Il les travaillait, il les comprenait, il les fouillait. À vingt-quatre ans, quand il passait en revue des textes envoyés à la *Transatlantic Review* de Ford Madox Ford, il essayait parfois de les réécrire, juste pour s'entraîner. Son désir de ne laisser derrière lui que les mots qu'il jugeait dignes d'être publiés devait paraître assez évident. « Je me souviens que Ford m'a dit un jour que, quand un homme écrit une lettre, il devrait toujours penser à la façon dont elle serait lue par la postérité, écrivait-il à Arthur Mizener en 1950. Ça m'a tellement frappé que j'ai brûlé toutes les lettres que j'avais chez moi, y compris celles de Ford. » Dans une lettre datée du 20 mai 1958, adressée « À mes exécuteurs testamentaires » et conservée dans le coffre de sa bibliothèque à La Finca Vigía, il écrivait : « Je souhaite qu'aucune des lettres que j'ai écrites au cours de ma vie ne soit publiée. En conséquence, je vous demande et vous instruis par la présente de ne pas publier ces lettres ni de consentir à leur publication par un tiers. »

Sa veuve et exécutrice testamentaire, Mary Welsh Hemingway, expliquant que le fardeau de cette interdiction était tel qu'il « m'inspirait un embarras continuel, et aux autres de la déception », finit par décider de passer outre, publiant des extraits de certaines lettres dans *Comment c'était* et autorisant Carlos Baker à en publier quelque six cents autres dans son *Ernest Hemingway : Correspondance choisie, 1917-1961*. « La sagesse et la justesse de cette décision ne sauraient être mises en doute », écrivait Baker, car ces lettres « sont susceptibles non seulement d'édifier et de divertir les lecteurs mais aussi de fournir à tous ceux qui étudient sérieusement la littérature les documents nécessaires à la poursuite des investigations sur la vie et l'œuvre d'un des géants du roman américain du vingtième siècle. »

L'une des choses les plus singulières dans le fait d'être écrivain est qu'une telle entreprise implique l'humiliation mortelle de voir ses propres mots imprimés noir sur blanc. Le risque de la publication est le grave corollaire de ce choix de vie, et, même chez des écrivains moins enclins que Hemingway à considérer les mots comme l'expression manifeste de l'honneur personnel, la perspective de voir des mots qu'on n'a pas pris le risque de publier être offerts en pâture à « tous ceux qui étudient sérieusement la littérature » en vue de « la poursuite des investigations » ne saurait guère être considérée comme un motif d'enthousiasme. « Personne n'aime être pris en filature », avait fait remarquer Hemingway lui-même en 1952 à l'un de ces investigateurs, Charles A. Fenton de l'université Yale, qui à en croire la correspondance harcelait Hemingway en lui envoyant les brouillons successifs de ce qui allait devenir *L'Apprentissage d'Ernest Hemingway : Les premières années.* « Personne n'a envie d'être suivi à la trace, examiné sous toutes les coutures, soumis aux questions incessantes d'un détective amateur, si érudit ou honnête soit-il. Vous devriez pouvoir comprendre ça, Fenton. » Un mois plus tard, Hemingway essayait de nouveau de dissuader Fenton. « Je pense que vous devriez laisser tomber », lui écrivait-il, et il ajoutait : « Il est impossible d'atteindre une quelconque vérité sans la coopération de la personne concernée. Une telle coopération exige presque autant d'efforts qu'il faut en fournir pour écrire son autobiographie. » Nouvelle tentative, quelques mois plus tard :

Dans la ou les premières pages de votre ms. j'ai trouvé tant d'erreurs factuelles que je pourrais passer le reste de l'hiver à tout réécrire pour vous donner les vraies infos et alors je ne pourrais rien écrire pour moi. (...) Autre chose : vous avez déniché des textes de moi, non signés de ma main, grâce à des justificatifs de paiement. Mais vous ne savez pas quels textes ont été modifiés ou remaniés par le service de correction et lesquels ne l'ont pas été. Je ne connais rien de pire pour un écrivain que de voir ceux de ses premiers écrits qui ont été remaniés et corrigés être publiés sans permission et lui être attribués.

En réalité je ne connais pas grand-chose de pire que de voir un autre écrivain rassembler les textes journalistiques d'un confrère que ledit confrère a décidé de ne pas conserver parce qu'ils ne valaient rien et les publier.

Mr. Fenton ce sujet me tient très à cœur. Je vous l'ai déjà écrit et je vous le redis aujourd'hui. Les textes que je ne souhaite pas publier, vous n'avez pas le droit de les publier. Moi-même je ne vous ferais jamais une chose pareille, pas plus que je ne me permettrais de blouser un homme aux cartes ou de fouiller dans les tiroirs de son bureau ou dans sa corbeille à papier ou de lire sa correspondance privée.

On peut affirmer sans trop craindre de s'avancer, pourrait-on croire, qu'un écrivain qui se suicide n'était sans doute pas investi corps et âme dans le travail qu'il laisse inachevé, et pourtant il semblerait que le sort à réserver aux manuscrits inachevés de Hemingway n'ait pas vraiment fait débat. Parmi ces derniers, on trouve non seulement « le truc sur Paris » (comme il l'appelait), ou *Paris est une fête* (comme l'a appelé son éditeur, Scribner's), que Hemingway avait de fait montré à Scribner's en 1959 avant de le reprendre pour le remanier, mais également les romans publiés par la suite sous les titres *Îles à la dérive* et *Le Jardin d'Éden*, plusieurs nouvelles consacrées au personnage de Nick Adams, ce que Mrs. Hemingway a appelé la « version originale » des textes sur la corrida publiés dans le magazine *Life* avant la mort de Hemingway (qui deviendraient *L'Été dangereux*) et ce qu'elle décrivait comme « son récit à moitié imaginaire de notre safari africain », dont elle avait publié trois extraits dans le magazine *Sports Illustrated* en 1971 et 1972.

On a dès lors assisté à l'élaboration systématique d'un produit commercialisable, d'un corpus choisi qui différait de nature de celui publié par Hemingway de son vivant et tendait même à le reléguer dans l'ombre. La commercialisation de ce produit a rencontré un tel succès qu'au mois d'octobre, selon la rubrique « Maison & Intérieurs » du *New York Times*, la société Thomasville Furniture Industries a présenté une « collection Ernest Hemingway » lors du Marché international de l'ameublement d'intérieur à High Point, en Caroline du Nord, proposant « 96 meubles et accessoires pour le salon, la salle à manger et la chambre » déclinés selon quatre thèmes, « Kenya », « Key West », « La Havane » et « Ketchum ». « Nous n'avons pas beaucoup de héros aujourd'hui, a déclaré au *Times* Marla A. Metzner, présidente de l'agence Fashion Licensing of America. Nous nous tournons de nouveau vers les grandes icônes du siècle, qui sont devenues des marques héroïques. » Ms. Metzner, selon le *Times*, a « non seulement créé la marque Ernest Hemingway avec les trois fils de Hemingway, Jack, Gregory et Patrick », mais elle « représente également les petits-enfants de F. Scott Fitzgerald, qui souhaitent créer la marque Fitzgerald ».

Tel est l'aboutissement logique du marketing posthume, ce que Mary Welsh Hemingway n'aurait sans doute pas pu prévoir. Du vivant de son mari, elle semble être restée insensible aux velléités commerciales d'A. E. Hotchner, dont les échanges avec Hemingway, treize années durant, donnent l'impression qu'il voyait dans l'écrivain déclinant non pas le personnage lessivé et désespéré qu'on devine à la lecture de leur correspondance mais une ressource inépuisable, une mine à creuser, un produit à conditionner pour nourrir ses divers « projets » événementiels et éditoriaux. La veuve essaya d'empêcher la publication du livre de Hotchner *Papa Hemingway*, et, même si les lettres montrent sans équivoque que Hemingway lui-même faisait confiance à son auteur et s'en remettait à lui sans réserve, elle le présenta dans ses propres Mémoires essentiellement comme une sorte d'assistant personnel, coursier de manuscrits, dénicheur d'appartements, apparition à la Zelig dans les scènes de foule : « Quand l'*Île de France* débarqua sur l'Hudson à midi, le 27 mars, nous fûmes enchantés de voir que Charlie Sweeny, mon général préféré, nous attendait sur le quai, en compagnie de Lillian Ross, Al Horowitz, Hotchner et quelques autres. »

Dans ces Mémoires, mémorables surtout en ce qu'ils dévoilent chez leur auteure un mélange assez éprouvant de compétences tout à fait remarquables et d'incompétence stratégique (elle arrive à Paris le jour de la Libération et parvient à trouver une chambre au Ritz, mais semble désarçonnée par le simple problème domestique consistant à améliorer l'éclairage dans la salle à manger de La Finca Vigía), Mary Welsh Hemingway exprimait sa conviction, à laquelle elle était manifestement parvenue en dépit des preuves accablantes du contraire, que son mari attendait « clairement » d'elle qu'elle publie « une partie sinon la totalité de son œuvre ». Les consignes qu'elle s'était données à elle-même à cette fin étaient instructives : « Outre la ponctuation et tous les "et" et "mais" qu'il fallait à l'évidence corriger, nous présenterions aux lecteurs son œuvre romanesque et poétique telle qu'il l'avait écrite, en laissant telles quelles les lacunes. »

Voilà, tout est là. Soit vous vous souciez de la ponctuation, soit vous ne vous en souciez pas, or Hemingway s'en souciait. Soit vous vous souciez des « et » et des « mais », soit vous ne vous en souciez pas, or Hemingway s'en souciait. Soit vous pensez que quelque chose est publiable, soit vous ne le pensez pas, or Hemingway ne le pensait pas. « C'est fini ; il n'y a pas d'autres livres », déclarait Charles Scribner III au *New York Times* en annonçant que le « nouveau Hemingway » paraîtrait en juillet 1999, pour le centième anniversaire de sa naissance. Cette œuvre, que l'éditeur a choisi d'intituler *La Vérité à la lumière de l'aube* en référence à un passage du texte (« En Afrique, une chose est vérité à l'aube et mensonge à midi, et vous ne la prenez pas plus au sérieux que le lac frangé d'herbes folles, merveilleux et parfait, que vous distinguez à l'extrémité de la plaine cuite par le soleil »), est le roman, faut-il croire, auquel Hemingway a essayé de travailler par intermittence entre 1954, à son retour du safari au Kenya qu'il avait fait avec Mary Welsh Hemingway et qui constitue le décor du récit, et son suicide en 1961.

La seule difficulté que semble avoir posée ce « roman africain », au début, est celle qui caractérise les prémices de n'importe quel roman. En septembre 1954, Hemingway, alors à Cuba, évoquait dans une lettre à Bernard Berenson[1] les effets délétères de l'air conditionné sur ce qu'il était en train de faire : « On arrive à écrire, mais ça sonne aussi faux que si ç'avait été écrit dans une serre inversée. Je finirai sans doute par tout jeter, mais quand les matinées retrouveront un peu de vie peut-être que je pourrai utiliser le squelette de ce que j'ai écrit et y injecter les odeurs et les bruits des oiseaux à l'aube et toutes les merveilles de cette finca qui à la saison fraîche rappellent beaucoup l'Afrique. » En septembre 1955, dans une autre lettre à Berenson, rédigée cette fois sur une nouvelle machine à écrire, il expliquait qu'il ne pouvait pas utiliser sa vieille machine « parce qu'il y a la page 594 du livre [africain] dedans, sous la housse de protection, et ça porte malheur de retirer les feuilles ». En novembre 1955, il confiait à Harvey Breit, du *New York Times* : « Suis à la page 689 et souhaite-moi bonne chance petit. » En janvier 1956, il écrivait à son avocat, Alfred Rice, qu'il avait atteint la page 810.

S'abat alors, dans la *Correspondance choisie*, un certain silence au sujet de ce roman africain. Huit

---

1. Bernard Berenson (1865-1959) : ami de Hemingway, grand historien de l'art spécialiste de la Renaissance italienne.

cent dix pages ou pas, arrive toujours un moment où n'importe quel écrivain sait quand un livre ne marche pas, et n'importe quel écrivain sait également quand il a tout bonnement épuisé les ressources de volonté, d'énergie, de mémoire et de concentration nécessaires pour que ça marche. « Il faut simplement *avancer* quand tout va mal et que la situation est désespérée – il n'y a qu'une seule chose à faire avec un roman, c'est de continuer d'avancer bille en tête jusqu'au bout de ce satané truc », avait écrit Hemingway à F. Scott Fitzgerald en 1929, quand ce dernier bloquait sur le roman qui serait publié en 1934 sous le titre *Tendre est la nuit*.

En 1929, Hemingway avait trente ans. Sa concentration, ou sa capacité à « *avancer* quand tout va mal et que la situation est désespérée », lui permettait encore de continuer à corriger le manuscrit de *L'Adieu aux armes* tout en essayant de s'occuper, à la suite du suicide de son père en décembre 1928, des problèmes de sa mère, de sa sœur de seize ans et de son frère de treize ans. « Bien conscience évidemment que la chose à faire ce n'est pas de m'inquiéter mais de me remettre au travail – finir mon livre une bonne fois pour toutes pour pouvoir les aider avec ce qu'il me rapportera », avait-il écrit à Maxwell Perkins quelques jours à peine après les funérailles de son père, et six semaines plus tard il lui remettait le manuscrit achevé. Il avait déjà vécu l'effondrement d'un mariage, mais pas encore de trois. Il ne vivait pas encore avec les séquelles des deux accidents d'avion qui en 1954 lui avaient éclaté le foie, la rate et un rein, perforé l'intestin grêle, brisé une vertèbre, laissé des brûlures au premier degré au visage et à la tête et valu également un traumatisme crânien, ainsi que la perte partielle de la vue et de l'ouïe. « Alfred ç'a été une année très rude même avant qu'on se crashe à bord de cet avion », écrivait-il en réponse à Alfred Rice qui semblait se poser des questions sur ses déductions fiscales relatives au safari africain :

Mais j'ai une mine de diamants si seulement on veut bien me ficher la paix et me laisser creuser la glaise bleue pour en extraire les pépites puis les tailler et les polir. Si j'y arrive je rapporterai plus d'argent au Gouvernement que n'importe quel pétrolier texan après avoir touché son amortissement. Mais j'ai été malmené au point que c'est à peine croyable que je tienne encore debout et je ferais mieux de consacrer mon énergie à me remettre sur pied et puis à écrire sans penser à rien d'autre ni me faire de mauvais sang.

« Les détails concrets de l'écriture, a déclaré un jour Norman Mailer dans une interview, affectent directement la physiologie ou le métabolisme. Sur la ligne de départ vous êtes immobile et peu à peu vous devez accélérer, faire tourner votre cervelle jusqu'à ce que les mots arrivent – les mots justes, et dans le bon ordre. L'acte d'écrire est toujours généré par un certain minimum d'ego : vous devez adopter une position d'autorité pour affirmer que la seule façon dont ça s'est passé c'est la façon dont je le décris. La panne de l'écrivain, par exemple, ça n'est rien d'autre qu'une faiblesse de l'ego. » En août 1956,

Hemingway informait Charles Scribner Jr. qu'il se sentait « incapable de se remettre au travail sur le livre africain avant de retrouver une certaine discipline d'écriture » et qu'il était donc en train d'écrire des nouvelles.

En novembre 1958, il confiait à l'un de ses enfants qu'il avait l'intention de « finir livre » pendant l'hiver à Ketchum, mais le « livre » en question était désormais « le truc sur Paris ». En avril 1960, il demandait à Scribner de rayer ce livre sur Paris, encore sans titre, du programme des parutions d'automne : « Des tas de gens vont sans doute penser que nous n'avons pas de livre et que c'est comme toutes ces ébauches que Scott gardait sous le coude pour pouvoir emprunter de l'argent et qu'il ne pourrait jamais terminer mais vous savez que si je ne tenais pas à me laisser une chance de l'améliorer on pourrait le publier exactement dans la version que vous avez vue à deux ou trois corrections près sur le tapuscrit de Mary. » Dix mois plus tard, et cinq mois avant sa mort, dans une lettre adressée à son éditeur chez Scribner's entre deux séjours à la clinique Mayo de Rochester, dans le Minnesota, pour subir un traitement par électrochocs, l'écrivain tentait, un peu affolé, d'expliquer ce qu'il était en train de faire :

J'ai tout le texte découpé en chapitres – 18 en tout – et travaille sur le dernier – n° 19 – et cherche aussi un titre. C'est très difficile. (J'ai une longue liste, comme d'habitude – aucun ne convient mais j'y travaille – Paris a été si souvent utilisé que ça ruine toutes les possibilités.) En nombre de pages sur le tapuscrit ça représente

7, 14, 5, 6, 9 ½, 6, 11, 9, 8, 9, 4 ½, 3 ½, 8, 10 ½, 14 ½, 38 ½, 10, 3, 3 : 177 pages + 5 ½ pages + 1 ¼ page.

Je me rappelle avoir entendu, il y a quelques années au cours d'un dîner à Berkeley, un professeur de littérature évoquer *Le Dernier Nabab* comme la preuve irréfutable que F. Scott Fitzgerald était un mauvais écrivain. L'assurance avec laquelle ce verdict avait été prononcé m'avait tellement sidérée que j'avais d'abord laissé filer, comme s'il s'agissait d'une donnée élémentaire de la soirée, avant de réussir à exprimer mon désaccord. *Le Dernier Nabab*, avais-je objecté, était un livre inachevé, que nous n'étions pas en mesure de juger parce que nous n'étions pas en mesure de savoir comment Fitzgerald aurait pu le terminer. Mais bien sûr que si, avait rétorqué un autre invité, aussitôt rejoint en chœur par ses voisins de table : nous avions les « notes » de Fitzgerald, nous avions le « résumé » de Fitzgerald, tous les éléments étaient déjà « entièrement planifiés ». Autrement dit, une seule personne parmi toutes celles présentes lors de cette soirée voyait une différence substantielle entre écrire un livre et prendre des notes préparatoires, ou « le résumer », ou « le planifier ».

La scène de film la plus glaçante jamais réalisée est sans doute, pour un écrivain, celle où Shelley Duvall, dans *Shining*, regarde le manuscrit auquel travaille son mari et découvre, répétée sur chacune des centaines de pages empilées, cette seule et unique phrase : « *All work and no play makes Jack a dull boy.* » Le manuscrit de ce qui deviendrait *La Vérité à la lumière de l'aube* faisait, dans l'état où Hemingway l'a laissé, quelque 850 pages. Après avoir été édité en vue de la publication, il n'en faisait plus que la moitié. Ce travail éditorial a été réalisé par le fils de Hemingway, Patrick, dont la seule intervention, a-t-il déclaré, a consisté à condenser (ce qui a pour conséquence inévitable de modifier les intentions premières de l'auteur, comme le savent tous ceux à qui il est arrivé un jour de se faire condenser), à changer ici et là certains noms de lieu, ce qui n'était peut-être pas forcément la décision la plus logique à prendre s'agissant du travail d'un homme qui avait écrit : « Il y avait beaucoup de mots qu'on ne pouvait plus tolérer et, en fin de compte, seuls les noms des localités avaient conservé quelque dignité. »

À la question de savoir ce qu'il convient de faire des textes inachevés d'un écrivain, la convention veut qu'on réponde en convoquant en exemple certaines œuvres que nous aurions sans doute perdues à jamais si les dernières volontés de leurs auteurs avaient été respectées. On convoque l'*Énéide* de Virgile. On convoque *Le Procès* et *Le Château* de Kafka. En 1951, clairement talonné par l'ombre de la mort, Hemingway estimait que certains passages d'un long roman en quatre parties auquel il travaillait depuis de nombreuses années étaient suffisamment « achevés » pour pouvoir être publiés après sa mort, et il précisait ses conditions, lesquelles n'incluaient pas la moindre intrusion éditoriale et excluaient spécifiquement la publication de la première partie inachevée. « Les deux dernières parties ne nécessitent aucune coupe, écrivait-il à Charles Scribner en 1951. Dans la troisième en revanche il en faut beaucoup, mais c'est un travail au scalpel très délicat et il ne faudrait rien couper du tout si j'étais mort. (…) La raison pour laquelle je vous ai écrit que vous pourriez toujours publier les trois dernières parties séparément, c'est que je sais que vous le pourriez si d'aventure je venais à mourir, accidentellement ou d'une façon ou d'une autre, sans avoir pu retravailler la première partie pour la rendre publiable. »

Hemingway lui-même, l'année suivante, publia séparément la quatrième partie de ce manuscrit, sous le titre *Le Vieil Homme et la mer*. La « première partie » du manuscrit, celle qui n'était pas encore « publiable » en l'état, fut néanmoins, après sa mort, publiée, dans *Îles à la dérive*. Pour ce qui est du « roman africain », ou *La Vérité à la lumière de l'aube*, 850 pages réduites de moitié par quelqu'un d'autre que leur auteur ne sauraient aboutir à rien de ce que ledit auteur avait envisagé, mais elles peuvent constituer un sujet de causerie alléchant pour les plateaux télé, donner lieu à une fausse controverse sur la question de savoir si oui ou non le passage du manuscrit dans lequel l'écrivain en safari épouse une Wakamba est « inspiré de faits réels ». L'incapacité grandissante de nombreux lecteurs à voir dans n'importe quelle œuvre de fiction autre chose qu'un roman à clef, ou que le matériau brut d'une biographie, est non seulement tolérée mais encouragée. Le *New York Times*, dans son article annonçant la publication du manuscrit, citait Patrick Hemingway au sujet de ces allégations : « "Ernest Hemingway a-t-il vraiment vécu cette expérience ? déclare-t-il chez lui à Bozeman, dans le Montana. Je peux vous dire que pour ce que j'en sais – et je ne sais pas tout – ce n'est pas le cas." »

Nous avons affaire ici à un déni de la notion même de fiction, de même que la publication d'une œuvre inachevée est un déni de la notion selon laquelle le rôle de l'écrivain, eu égard à son travail, c'est de le créer. Ces extraits déjà publiés de *La Vérité à la lumière de l'aube* ne peuvent être lus que comme quelque chose qui n'a pas encore été pleinement créé, des notes, des scènes en cours d'élaboration, des mots posés mais pas encore écrits. Il y a ici et là des aperçus saisissants, des fragments érigés par l'écrivain au milieu d'un texte qui pour le reste ne devait lui paraître qu'un champ de ruines, et le lecteur bienveillant sera sans doute tout disposé à croire que l'écrivain, s'il était resté en vie (c'est-à-dire s'il avait trouvé la volonté, l'énergie, la mémoire et la concentration nécessaires), aurait pu donner forme à ce matériau, lui insuffler la vie par l'écriture, en faire une histoire, celle-là même qu'on devine à la lecture de ces aperçus, l'histoire d'un homme qui retourne dans un lieu qu'il a aimé jadis et qui comprend soudain, à trois heures du matin, qu'il n'est plus celui qui a aimé ce lieu et qu'il ne lui est désormais plus permis d'espérer devenir un jour celui qu'il aurait voulu devenir. Mais, évidemment, une telle possibilité aurait été inenvisageable en fin de compte pour l'écrivain dont il est question ici, car il se trouve qu'il avait déjà écrit cette histoire, en 1936, et qu'il l'avait intitulée « Les Neiges du Kilimandjaro ». « Jamais désormais il n'écrirait toutes les choses qu'il s'était réservé d'écrire en prévision du jour où il saurait les écrire bien », songeait l'écrivain des « Neiges du Kilimandjaro » en train de mourir de la gangrène en Afrique. Et ensuite, cette autre réflexion, l'histoire la plus triste : « Enfin, au moins il n'aurait pas non plus à subir la peine d'essayer de les écrire et d'échouer. »

1998

Madame-tout-le-monde.com

À en croire « Le Guide Web de Martha Stewart[1] – Le Site NON OFFICIEL ! », qui a été créé par une ancienne étudiante de troisième cycle du nom de Kerry Ogata comme une « technique de procrastination pour ne pas faire sa thèse » puis repris par ceux qui l'animent aujourd'hui, la présidente et directrice générale de Martha Stewart Living Omnimedia LLC (« MSO » à la Bourse de New York), âgée de cinquante-huit ans, n'a besoin que de quatre heures de sommeil par nuit, utilise les heures ainsi économisées pour s'occuper de ses six chats et pour jardiner à la lumière d'une lampe torche, préfère les Mac au bureau et un PowerBook pour son usage personnel, va et vient entre sa maison de Westport, ses deux maisons d'East Hampton et son appartement à Manhattan au volant d'un GMC Suburban (« avec chauffeur ») ou d'une Jaguar XJ6 (« qu'elle conduit elle-même »), est la deuxième d'une fratrie de six enfants élevés au sein d'une famille d'origine

_____

1. Célèbre présentatrice télé américaine, fondatrice dans les années 1990 d'un empire médiatique consacré à « l'art de vivre domestique » (décoration, ameublement, jardin, cuisine, etc.).

polonaise à Nutley, dans le New Jersey, a une fille, Alexis, et a survécu à « un divorce non amiable » avec l'homme qui a été son époux pendant vingt-six ans, Andrew Stewart (« Andy » sur le site), lequel a par la suite « épousé l'ancienne assistante de Martha qui a vingt et un ans de moins que lui ».

Les contributeurs de la rubrique « Opinions » du site, comme tous les bons amis partout dans le monde, sont partagés sur la question de la rupture avec Andy, qui s'est produite en 1987, alors que Martha était en tournée promotionnelle pour son livre *Mariages avec Martha Stewart*, dans la préface duquel elle proposait une interprétation possiblement prémonitoire de son propre mariage en 1961. « J'étais une jeune fille naïve de dix-neuf ans, encore étudiante à Barnard, et Andy commençait ses études de droit à Yale, aussi nous sembla-t-il approprié de nous marier à la chapelle St Paul de Columbia lors d'une cérémonie épiscopalienne, d'autant que nous n'avions aucun autre endroit où aller », écrivait-elle, photo à l'appui montrant la robe de mariage que sa mère et elle avaient confectionnée dans un tissu d'organdi brodé fabriqué en Suisse et acheté sur la 34e Rue Ouest. En ligne, les situations relatives de « Martha » et d'« Andy » et même d'« Alexis », qui au début avait pris le parti de sa mère dans le divorce, donnent lieu à des débats d'une familiarité surprenante. « Soit dit en passant, je ne reproche rien à Andy, écrit l'un de ces contributeurs. Je pense qu'il a encaissé comme il a pu. Je trouve ça dommage qu'Alexis se soit sentie obligée de choisir. » Autre contributeur, autre perspective : « Je travaille cinquante heures par semaine et je reconnais que parfois je n'ai pas le temps d'"être tout ce que je peux être", mais quand elle a commencé Martha faisait ça à mi-temps et elle élevait Alexis et elle s'occupait du foyer pour ce crétin d'Andy (je parie qu'il se mord les doigts de l'avoir quittée). »

Quoique « Le Site NON OFFICIEL ! » soit, précisément, non officiel, « non affilié à Martha Stewart, à ses agents, à Martha Stewart Omnimedia LLC ou à toute autre société de Martha Stewart Enterprises », la grande légèreté avec laquelle on y discute des compétences protéiformes de son sujet (« Y a-t-il quelque chose que Martha ne sache pas faire ? Selon Martha elle-même : "Faire du deltaplane, et je déteste faire les boutiques" ») ne doit en aucun cas être interprétée comme le signe d'une quelconque déloyauté à l'égard des objectifs de Martha, qui sont, ainsi que l'expliquait le fascicule diffusé à l'occasion de l'introduction en Bourse de Martha Stewart Living Omnimedia en octobre dernier, « d'offrir nos contenus et informations "pratiques" originaux au plus grand nombre possible de consommateurs » et « de transformer nos consommateurs en "acteurs" en leur proposant les informations et les produits dont ils ont besoin pour tout faire eux-mêmes avec ingénuité "à la façon de Martha Stewart" ». Les fondateurs et usagers du « Site NON OFFICIEL ! » entretiennent à l'évidence un lien particulier avec le sujet en question, comme tous les fondateurs et usagers d'autres sites non officiels ou personnels créés dans le même esprit – « Ma Page Martha Stewart », par exemple, ou encore « Martha Stewart Gothique », qui explique aux adolescents vivant encore chez leurs parents comment « ghotiser » leur chambre sans inquiéter ces derniers (« Règle numéro un, ne peignez pas tout en noir ») grâce aux conseils de Martha.

« Martha adore dénicher des vieux tissus et des meubles légèrement patinés dans les marchés aux puces, est-il rappelé aux usagers de "Martha Stewart Gothique". Il lui arrive très souvent de coudre elle-même ses tissus d'ameublement intérieur. Elle peint et essaie des techniques de peinture inhabituelles sur divers objets, petits ou grands. Elle adore les fleurs, fraîches ou séchées (…) et même si elle évolue dans un décor qui paraît très luxueux, elle réalise souvent ses idées à partir de matériaux assez simples et peu onéreux, comme des chutes de tissu et de la vaisselle de seconde main. » Pour le créateur de « Ma Page Martha Stewart », même la « maniaquerie extrême » du soin revendiqué que met Martha à choisir l'apparence de son distributeur de savon liquide est riche d'enseignements, une source de préoccupation qui peut devenir une source d'illumination : « Parfois je m'inquiète pour elle. (…) Bien entendu c'est cette étrangeté qui fait que je l'aime tant. Elle m'aide à savoir que je suis OK – que tout le monde est OK. (…) Elle semble parfaite, mais elle ne l'est pas. Elle est obsédée. Elle est frénétique. Elle a besoin de tout contrôler à un point inimaginable. Et ça, ça me montre deux choses : A) personne n'est parfait et B) tout a un prix. »

Il y a un lien inhabituel ici, une intimité propriétaire qui échappe aux préceptes conventionnels du merchandising pour aller au cœur même de l'entreprise, de la marque, de ce que Martha préfère pour sa part appeler la « présence » : les deux magazines (*Martha Stewart Living* et *Martha Stewart Weddings*) qui touchent à eux deux 10 millions de lecteurs, les vingt-sept livres vendus à 8,5 millions d'exemplaires, l'émission hebdomadaire diffusée sur 270 chaînes de radio, la rubrique « MarthaVousRépond » publiée dans 233 journaux, l'émission télévisée six jours par semaine sur CBS, la chronique hebdomadaire dans la matinale de CBS, l'émission hebdomadaire de la chaîne câblée Food Network (*Dans la cuisine de Martha*, l'émission culinaire numéro un chez les femmes entre vingt-cinq et cinquante-quatre ans), le site Internet (www.marthastewart.com), qui compte plus d'un million d'abonnés et 627 000 visiteurs par mois, les partenariats commerciaux avec les enseignes Kmart, Sears et Sherwin-Williams (à eux seuls, les magasins Kmart ont vendu l'année dernière pour plus d'un milliard de dollars de produits estampillés Martha Stewart), le catalogue par correspondance (Martha by Mail), dont les quelque 2 800 produits (Guirlandes Saint-Valentin, Assortiment de Friandises Saint-Valentin, Cookies Prêts-à-Décorer, Petits Gâteaux en forme de Cœur, Cuillères à Dessert en forme de Cœur, Dessous-de-Plat en forme de Cœur, Moules à Pancake en forme de Cœur et Kits Saint-Valentin en Papier Crépon, pour ne citer que quelques articles de la rubrique « Saint-Valentin » du site en ligne) peuvent être commandés soit directement sur le catalogue (onze éditions annuelles, 15 millions d'exemplaires), soit sur le site Internet habillé de bannières formidablement attrayantes et de liens organisés selon une logique des plus séductrices.

Ces produits ne sont pas donnés. Le Kit Saint-Valentin en Papier Crépon contient assez de cartes et de papier crépon pour réaliser « environ quarante » pochettes de Saint-Valentin, ce qui n'est pas précisément l'affaire du siècle au prix de quarante-deux dollars, sans compter le temps et les efforts requis. Sur la page « Gâteaux et Présentoirs à Gâteaux », le Set de Pochoirs à Pâtisserie Festifs, qui consiste en huit pochoirs en plastique de vingt-trois centimètres de diamètre destinés au glaçage décoratif de gâteaux avec du sucre glace ou du cacao en poudre, est affiché au prix de vingt-huit dollars. À la rubrique « fleurs-de-martha », vingt-cinq roses thé, qu'on peut se procurer pour dix-huit dollars la douzaine chez Roses Only à New York, coûtent cinquante-deux dollars, et le plus grand des deux « vases suggérés » où les mettre (parfait exemple de la logique algorithmique du site) en coûte soixante-dix-huit. Un set de cinquante Coquilles de Tulle Rondes, des pochons en tulle de vingt-deux centimètres et demi de diamètre pour confectionner des sachets de dragées de mariage, coûte dix-huit dollars, et la ficelle nécessaire pour les attacher (« vendue séparément », encore un lien algorithmique naturel) coûte, dans la Collection de Rubans d'Attache déclinée en six couleurs, cinquante-six dollars. Ce genre de ficelle se vend dans le commerce pour une poignée de centimes, et, chez Paron dans la 57e Rue Ouest à New York, qui n'est pas la boutique la moins chère de la ville, on trouve des rouleaux de tulle de deux mètres cinquante de largeur à quatre dollars le mètre. Dans la mesure où la quantité de tulle nécessaire pour confectionner cinquante Coquilles de Tulle

Rondes équivaut grosso modo à un mètre de tissu, l'acheteur en ligne peut se retrouver dans la situation de ne payer que l'imprimatur de « Martha », dont le génie a été de redéfinir le concept jadis familier du *do-it-yourself* pour le propulser dans un territoire jusqu'alors inexploré : légèrement à l'est de le-faire-vraiment-soi-même, légèrement à l'ouest de payer-Robert-Isabell[1]-pour-le-faire-à-votre-place.

Nous parlons ici d'une entreprise valant un milliard de dollars dont le seul et unique produit, en d'autres termes, est Martha Stewart elle-même, ce qui constitue un cas économique pour le moins singulier, comme en témoigne le fascicule rédigé à l'occasion de la sensationnelle introduction en Bourse de Martha Stewart Living Omnimedia au mois d'octobre : « Notre activité serait négativement affectée si : l'image publique ou la réputation de Martha Stewart venait à être entachée, pouvait-on lire notamment dans le chapitre "Facteurs de risque" du fascicule. Martha Stewart, ainsi que son nom, son image, et les marques et autres droits de propriété intellectuelle y afférant font partie intégrante de nos initiatives marketing et forment le cœur de notre marque. La pérennité de notre succès et la valeur de notre marque dépendent ainsi, dans une large mesure, de la réputation de Martha Stewart. »

Les périls auxquels s'expose une marque totalement identifiée à un seul et unique être humain

_____

1. Bruce Robert Isabell (1952-2009) : « organisateur d'événements » pour la jet-set, réputé pour son extravagance.

vivant, et donc vulnérable, ont fait l'objet de nombreux débats au moment de l'introduction en Bourse, et la question de savoir ce qu'il adviendrait de Martha Stewart Living Omnimedia si Martha Stewart venait à tomber malade ou à mourir (« la diminution des services de Martha Stewart », pour reprendre les mots employés dans le fascicule) demeure irrésolue. « Ça a toujours été une préoccupation pour nous », déclarait le président de Time Inc., Don Logan, dans les colonnes du *Los Angeles Times* en 1997, quelques mois après que Martha Stewart eut réussi à lever, selon ses propres termes, suffisamment de « capital généré en interne », 53,3 millions de dollars, pour racheter ses parts au groupe Time Warner, qui faisait tout pour endiguer l'expansion d'une entreprise intégralement bâtie autour d'une seule personnalité. « Je crois que nous bénéficions aujourd'hui d'un joli rayonnement dans un domaine où nos informations peuvent se prévaloir de leur fiabilité », continuait pour sa part d'affirmer Martha Stewart, et il paraissait clair en effet que cette expansion et la répétition du nom, précisément, qui déclenchait tant de crispation chez Time Warner – chaque fois qu'était vendu un article « Martha Stewart », chaque fois qu'était diffusée une annonce publicitaire « Martha Stewart au Quotidien » – contribuaient paradoxalement à protéger la marque face à l'éventualité de la perte de la personnalité sur laquelle elle reposait.

La question annexe, à savoir ce qui se passerait si jamais « l'image publique ou la réputation de Martha Stewart venait à être entachée », semblait moins inquiétante, dans la mesure où, en pratique, la question de savoir s'il était possible d'entacher l'image publique ou la réputation de Martha Stewart avait déjà été réglée, avec la publication puis l'ascension dans la liste des meilleures ventes du *New York Times*, en 1997, de *Rien que des desserts*, une biographie non autorisée de Martha Stewart signée Jerry Oppenheimer, lequel avait publié auparavant des biographies non autorisées de Rock Hudson, Barbara Walters et Ethel Kennedy. « Je sentais bouillonner en moi la sève de l'investigation, écrivait Oppenheimer dans la préface de *Rien que des desserts*. Si ses histoires étaient vraies, j'avais entre les mains un livre sur une femme parfaite qui avait rendu la perfection accessible au grand public. Si elles ne l'étaient pas, j'avais entre les mains un livre qui fracasserait le mythe. »

La sève investigatrice en ébullition, Oppenheimer avait découvert que Martha était « déterminée ». Parfois, en outre, Martha « ne disait pas tout ». Martha pouvait « se mettre en furie » quand les choses ne se déroulaient pas comme prévu, même si la façon dont Oppenheimer illustre ce point laisse penser, au pire, que les arguments des uns et des autres se défendent. Martha s'était apparemment « mise à hurler », par exemple, lorsque la voiture d'un traiteur, en faisant une marche arrière, avait écrasé le « magnifique » panier pique-nique Shaker qu'elle venait de remplir avec ses tartelettes aux myrtilles faites maison. De même, Martha avait apparemment « pété les plombs » lorsqu'un incendie qui s'était déclaré dans un fumoir avait interrompu le tournage d'une émission spéciale fêtes de fin d'année et qu'elle s'était rendu compte que le tuyau d'arrosage qu'elle avait elle-même traîné jusqu'au fumoir en question (« suivie par divers membres de l'équipe de tournage affichant des mines blasées, des proches faussement inquiets, des commis de cuisine ricanant ainsi que le gros macho brésilien préposé au gardiennage des lieux ») était trop court pour atteindre les flammes. Après avoir foncé dans la maison, trouvé une rallonge pour le tuyau puis éteint le feu, Martha, ce qui peut sembler légitime, s'expliqua avec le gardien, « qu'elle vira sur-le-champ, devant tout le monde, parce qu'il lui avait répondu avec insolence ».

Parmi ses autres défauts révélés au grand jour, elle idéalisait les premiers temps de sa vie de famille (p. 34), enjolivait « tout » (p. 42), avait omis un ingrédient crucial quand une rivale préadolescente sur le marché des services traiteur lui avait demandé sa recette de gâteau au chocolat (p. 43), avait affirmé aux lecteurs de *Martha Stewart Living* qu'elle avait dans sa prime jeunesse « cherché à découvrir la clé de la grande littérature » alors que, selon « une source proche », elle avait « passionnément dévoré » la série des Alice Roy, Cherry Ames et autres bluettes (p. 48), avait mal orthographié le mot « infâme » dans un article sur *La Foire aux vanités* de William Makepeace Thackeray rédigé pour le magazine littéraire du lycée de Nutley (p. 51), avait dû demander ce qu'était le Kwanzaa lors de son apparition sur le plateau de *Larry King Live* en 1995 (p. 71), et non seulement elle aurait voulu un plus gros diamant sur la bague de fiançailles qu'Andy avait choisie pour elle chez Harry Winston mais elle avait réussi à se le

procurer, à un meilleur prix, dans le quartier des dia-
mantaires (p. 101). « Ça aurait dû lui mettre la puce à
l'oreille, confiait à Oppenheimer une "connaissance
de longue date". Combien de femmes feraient un
truc pareil ? C'était de mauvais augure. »

Cet amalgame de puérilités et de mesquineries
converties en défauts de caractère (une ancienne
assistante du service traiteur que Martha dirigeait
à Westport dans les années 1970 lance contre elle
cette accusation accablante : « On ne jetait jamais
rien. (…) La philosophie de Martha, c'était un peu
comme quelqu'un au restaurant qui n'a mangé que
la moitié de son steak et qui dit au serveur : "Bah,
tant pis, faites-moi un doggy bag" ») continue ainsi
sur 414 pages, après quoi Oppenheimer passe plein
pot en mode pourfendeur de mythes et abat sa carte
maîtresse, « un étrange manifeste entrepreneurial »
qui a « mystérieusement fuité du QG de Martha puis
rebondi d'un bureau à l'autre à l'étage des cadres
dirigeants de Time Inc. avant d'atterrir sur une pho-
tocopieuse et de se retrouver propulsé dans le monde
extérieur. (…) Sur ces feuilles de papier blanc,
encombrées de diagrammes apparemment incompré-
hensibles, on pouvait lire notamment ceci » :

Dans la vision de Martha, la valeur partagée des entreprises MSL est hautement personnelle – elle reflète ses
propres objectifs, croyances, valeurs et aspirations. (…)
La « Méthode Martha » est accessible parce qu'elle nous
met en contact direct avec tout ce que nous avons besoin
de savoir et nous dit/montre exactement ce que nous
devons faire. (…) Martha elle-même dirige et enseigne

tout à la fois – telle est la proposition sur laquelle se fondent les entreprises MSL. (…) Si les rangs des « disciples enseignants » au sein de MSL peuvent grossir et s'élargir, leur autorité repose sur leur association directe avec Martha ; leur travail émane de son approche et de ses philosophies ; et leurs techniques, produits et résultats sont jugés à l'aune de ses critères. (…) Le magazine, les livres, les émissions télévisées et autres sources de distribution ne sont que des vecteurs destinés à permettre la communication personnelle avec Martha. (…) Elle n'est pas, et se refuse à être, une image et une fiction institutionnelle comme Betty Crocker[1]. (…) Elle est le centre moteur et créatif. (…) En écoutant Martha et en suivant son exemple, nous pouvons obtenir de vrais résultats dans notre propre foyer – par nous-mêmes – comme elle. (…) C'est facile à faire. Martha a déjà « tout compris ». Elle va personnellement nous prendre par la main et nous montrer comment faire.

Oppenheimer voit dans ce mémo dérobé, ou cette profession de foi, quelque chose de sinistre, comparable au massacre de la secte du Temple du Peuple au Guyana (« À lire ces mots, certains ont pu se demander si le monde de Martha ne relevait pas d'une version embourgeoisée de Jonestown plutôt que des simples petits bonheurs de la vie domestique »), mais en réalité ce document n'est jamais qu'une analyse,

---

1. Célèbre marque de produits de pâtisserie lancée dans les années 1920 par le groupe agroalimentaire américain General Mills et incarnée par un personnage fictif représentant l'archétype de la « femme au foyer et aux fourneaux ».

irrépréhensible et par ailleurs assez juste, de ce qui fait marcher l'entreprise. L'impact de Martha Stewart Living Omnimedia LLC transcende l'art de dresser une table et autres touches décoratives absurdement fastidieuses et d'un coût souvent prohibitif (la « couronne de poinsettias intégralement réalisée en rubans » présentée lors d'une émission au mois de décembre nécessite, même entre les mains les plus expertes, concédait Martha elle-même, « deux bonnes heures » et, « si vous utilisez du ruban de qualité supérieure, deux ou trois cents dollars ») dont sa P-DG s'échine six jours par semaine à exposer les subtilités aux téléspectateurs de la matinale de CBS. De même, l'impact de ses recettes de cuisine, qu'on dirait tout droit sorties d'un livre de spécialités du Sud à destination des enfants (Mimosa Pamplemousse, Tartelettes Tatin Pommes-Cheddar et Guimauve à la mode Southwest, pour n'en citer que quelques-unes tirées du dernier numéro de *Martha Stewart Entertainment*), ne reflète en rien la cuisine maison de la classe moyenne américaine telle qu'elle a pu exister tout au long des années d'après-guerre. On ne trouve, dans une recette de Martha Stewart, rien qui évoque, mettons, la logique et l'assurance d'une Elizabeth David, rien qui rappelle la maîtrise technique d'une Julia Child[1].

Ce qu'on trouve en revanche, c'est « Martha », plein cadre, qui entre en « communication personnelle » avec le téléspectateur ou le lecteur, qui

---

1. Elizabeth David (1913-1992) : célèbre auteure britannique de recettes de cuisine. Julia Child (1912-2004) : célèbre cheffe et présentatrice d'émissions culinaires à la télévision américaine.

montre, qui explique, qui dirige, qui enseigne, qui « adore » quand une vinaigrette toute bête qu'on agite se met à émulsionner en direct à l'écran. Elle se présente non pas comme une autorité mais comme l'amie qui a « tout compris », la voisine certes parfois un peu exubérante mais pleine d'initiative qui ne manque jamais une occasion de partager ses conseils et astuces. La cannelle « authentique », ou « de Ceylan », peuvent ainsi apprendre les lecteurs de *Martha Stewart Living*, « provient à l'origine de l'île qu'on appelle aujourd'hui le Sri Lanka » et « à l'époque de l'Empire romain (...) valait quinze fois son poids en argent ». Dans une émission télé, au cours d'une séquence consacrée à l'art de servir le champagne, Martha révèle à ses téléspectateurs que la plus grande bouteille de champagne, le Balthazar, a été ainsi baptisée en hommage au roi de Babylone, de « 555 à 539 avant notre ère ». Tandis qu'elle explique comment décorer la maison à la période des fêtes autour du thème « Les Douze Jours de Noël », Martha glisse en passant cette petite glose, hasardeuse mais néanmoins fort utile, grâce à laquelle la décoratrice aura l'impression de faire quelque chose de plus significatif que d'appliquer simplement deux ou trois couches de peinture acrylique blanche semi-brillante sur des œufs en papier mâché, suivies de deux ou trois couches supplémentaires de vernis acrylique jaune, avant d'apporter une touche de finition au résultat ainsi obtenu à l'aide de rubans et de perles fantaisie : « Dans la mesure où l'œuf est clairement associé au renouveau de la vie, on ne sera pas surpris d'apprendre que les six oies en train de pondre dont il est question dans ce chant de Noël symbolisaient les six jours de la Création. »

Le message envoyé par Martha, en réalité, la raison pour laquelle un grand nombre d'Américaines considèrent ses émissions comme une source de réconfort et d'obscure inspiration, ne semble pas très bien compris. Pléthore de travaux universitaires ont été publiés sur la signification culturelle de son succès (à l'été 1998, selon le *New York Times*, « une bonne vingtaine d'universitaires aux États-Unis et au Canada » travaillaient sur des sujets tels qu'« Un Regard sur les Armoires à Linge : Liminalité, Structure et Anti-Structure dans *Martha Stewart Living* » et diagnostiquaient « une phobie de la transgression » dans « les images récurrentes de clôtures, de haies et de murets de jardin » publiées par le magazine), mais il reste, dans le lien qu'elle établit comme dans l'indignation qu'elle suscite, quelque chose d'irrésolu, quelque chose d'aigu, comme un sifflet à chien, dont la fréquence est trop élevée pour se prêter à l'analyse textuelle traditionnelle. L'indignation, qui atteint parfois des niveaux ahurissants, tourne essentiellement autour de l'idée fallacieuse selon laquelle elle dupe ses admirateurs au point de les rendre aveugles à l'ambition qui lui a permis d'attirer leur attention. Pour ses détracteurs, elle représente apparemment une imposture qu'il convient de dénoncer, un tort à redresser. « C'est un requin, déclare quelqu'un dans le magazine en ligne *Salon*. Martha a beau tout avoir, elle en veut toujours plus. Et elle veut l'avoir à sa façon et dans son monde à elle, pas dans les domaines masculins de l'immobilier ou de la technologie, mais dans l'univers douillet des napperons en forme de cœur et des gâteaux de mariage. »

« Ça me paraît dingue que les gens ne voient pas à quel point c'est ironique que cette "reine du foyer" ait bâti un empire de plusieurs millions de dollars en faisant des cookies et en vendant des draps de lit, s'insurge un post dans le "fil de discussion" consacré à Martha sur le site de *Salon*. J'ai lu une interview dans *Wired* où elle disait qu'en général elle ne rentre pas chez elle avant 23 heures, ce qui signifie qu'elle est manifestement trop occupée pour jouer à la mère/épouse/femme au foyer parfaite – rôle que beaucoup de femmes se sentent dans l'obligation de tenir à cause de l'image que projette MS. » Un autre lecteur va droit au but : « Y avait pas une rumeur comme quoi Martha avait piqué le mec de sa fille ? » Réponse : « Je croyais que c'était Erica Kane[1]. Tu sais, quand elle pique le mec de Kendra. Je pense que tu dois confondre les deux. Et puis d'abord, qui aurait envie de sortir avec MS ? Elle a l'air tellement glaciale que même ma télévision a froid quand elle apparaît à l'écran. » « Le problème, c'est que Stewart est à peu près aussi authentique que Hollywood, assène un chroniqueur du *Scotsman*. On pourrait croire qu'elle lance un cri d'alarme nostalgique, appelant au retour des arts ménagers des années 1950 avec une petite touche supplémentaire d'élégance au goût du jour, mais est-ce qu'elle n'envoie pas plutôt

---

1. Célèbre personnage du soap opera américain *La Force du destin*.

un message frauduleux en mettant la pression sur les Américaines, sommées d'atteindre une perfection impossible dans ce domaine comme dans tant d'autres – domaine dans lequel, contrairement aux femmes normales, Stewart elle-même peut compter sur l'aide d'une myriade d'assistants ? »

Toute cette idée de la « mère/épouse/femme au foyer parfaite », du « cri d'alarme nostalgique appelant au retour des arts ménagers des années 1950 », témoigne d'une profonde incompréhension de ce que Martha Stewart transmet en réalité, la promesse qu'elle fait à ses lecteurs et à son public, à savoir que le « savoir-faire » dans la maison se traduit par un « pouvoir-faire » en dehors de la maison. Ce qu'elle offre, et ce que les magazines et les émissions domestiques et culinaires plus professionnels au sens strict du terme n'offrent pas, c'est la promesse d'un transfert de manne, d'un transfert de fortune. Elle projette un niveau de goût qui transfigure la préciosité souvent absurde de ce qu'elle est en train de faire. La possibilité de s'extraire de la maison rendue parfaite pour plonger dans l'éther autrement enivrant du pouvoir d'agir, de faire ce que fait Martha, est clairement exposée : « Regardez, à moi seule je possède six numéros de fax personnels, quatorze numéros de téléphone personnels, sept numéros de téléphone de voiture et deux numéros de portable », comme elle le dit aux lecteurs de *Martha Stewart Living*. Le 19 octobre, le soir même de sa triomphale introduction en Bourse, elle expliquait, sur le plateau du *Charlie Rose Show*, la genèse de son entreprise. « Je servais un désir – pas seulement le mien, mais le désir de toute femme au foyer, celui d'élever ce travail de femme au foyer, déclarait-elle. Il était discrédité, je crois. Et nous voulions toutes y échapper, fuir la maison, décrocher le job lucratif qui nous permettrait de payer quelqu'un d'autre pour faire toutes les tâches dont nous avions l'impression qu'elles ne méritaient pas notre attention. Et puis tout à coup je me suis rendu compte : elles méritaient terriblement notre attention en réalité. »

Réfléchissez à ça. Voilà une femme qui avait élevé « ce travail de femme au foyer » à un niveau tel que même son GMC Suburban était équipé d'un dictaphone Sony MZ-B3 Minidisc Recorder et d'un Sony ICD-50 Recorder pour envoyer des messages et d'un écran télé Watchman FDL-PT22, plus les téléphones, plus le PowerBook. Voilà une femme dont la conception vestimentaire dans le cadre de « ce travail de femme au foyer » impliquait Jil Sander. « Jil a répondu aux attentes des gens comme moi, a-t-elle déclaré un jour selon "Le Site NON OFFICIEL !". Je suis très occupée ; je voyage beaucoup ; je veux avoir l'air au top sur les photos. » Voilà une femme qui, ce même matin d'octobre, avait été conduite jusque devant le panneau géant pour distribuer croissants et oranges pressées sous un barnum à rayures tandis que Morgan Stanley Dean Witter et Merrill Lynch et Bear Stearns et Donaldson, Lufkin & Jenrette et Banc of America Securities faisaient grimper la valeur de ses parts individuelles dans la société qu'elle avait personnellement inventée jusqu'à 614 millions de dollars. Cela ne cadre guère avec un quelconque « cri d'alarme nostalgique » appelant au retour des « arts ménagers » qui avaient suscité l'engouement dans une Amérique d'après-guerre où la conversion de l'industrie à une production de temps de paix avait engendré la création d'un marché pour les réfrigérateurs Kelvinator, et pourtant Martha fut la première à partager ce moment avec ses lecteurs.

« L'ambiance était festive, le milieu des affaires réceptif, et une nouvelle action a commencé à s'échanger sous le symbole MSO », confiait-elle dans sa « Lettre de Martha » du numéro de décembre de *Martha Stewart Living*, et elle était là, entre les lignes, la promesse exprimée dans la profession de foi : *C'est facile à faire. Martha a déjà « tout compris ». Elle va personnellement nous prendre par la main et nous montrer comment faire.* Or il s'avère que ce qu'elle va nous montrer comment faire est un tantinet plus exaltant que de tresser une banale couronne de poinsettias : « Le processus a été extrêmement intéressant, de la prise de décision concernant la nature exacte de la société (une "société multimédia intégrée" dotée de capacités Internet prometteuses) à l'élaboration d'un fascicule complexe et exhaustif, validé et revalidé plusieurs fois (puis de nouveau soumis à examen pour validation devant la Commission de réglementation et de contrôle des marchés financiers), destiné à vendre la société au cours d'une tournée qui nous a emmenés dans plus d'une vingtaine de villes en quatorze jours (jusqu'en Europe). » Voilà ce qui s'appelle fuir la maison sans faire semblant, et sans devoir rendre de comptes à personne – le rêve secret de toute femme ayant un jour goûté au succès en vendant des parts de cake à la kermesse de l'école. « Tu pourrais la breveter, cette sauce piquante », disent les voisins aux cuisiniers amateurs des quatre coins de l'Amérique. Tu pourrais la breveter, tu pourrais la vendre, tu peux survivre quand tout le reste s'écroule ; j'ai moi-même cru, pendant presque toute ma vie adulte, que je pourrais toujours subvenir à mes besoins et à ceux de ma famille, en l'absence catastrophique de toute autre source de revenus, en m'improvisant traiteur.

La « signification culturelle » du succès de Martha Stewart, autrement dit, réside fondamentalement dans le succès lui-même, raison pour laquelle même ses problèmes et ses déboires font partie du message, sont perçus non pas comme un aspect préjudiciable mais comme une composante intégrale de la marque. Elle s'est elle-même donné l'image non pas de Madame-Parfaite mais de Madame-Tout-le-Monde, distinction qui ne paraît toujours pas très claire aux yeux de ses détracteurs. Martha elle-même a compris cela, et quand elle parle d'elle en interview, on dirait qu'elle s'adresse à une vieille amie qu'elle aurait perdue de vue depuis des années. « J'ai sacrifié ma famille, mon mari », confiait-elle au magazine *Fortune* en 1996 lors d'une conversation avec Charlotte Beers, ancienne P-DG d'Ogilvy & Mather et membre du conseil d'administration de Martha Stewart Living Omnimedia, et Darla Moore, présidente de la société d'investissement de Richard Rainwater[1] et inventrice

---

1. Richard Edward Rainwater (1944-2015) : célèbre milliardaire, investisseur et philanthrope américain.

du financement par « débiteur en possession » pour les sociétés en faillite. Le ton de cette conversation était étrange, bien plus confessionnel qu'un dialogue normal entre des cadres dirigeants qui savent que *Fortune* est en train d'enregistrer leurs propos. « Ce n'est pas moi qui ai fait ce choix, confiait Martha au sujet de son divorce. C'est lui. Aujourd'hui, je suis tellement heureuse que ce soit arrivé. J'ai mis très longtemps à comprendre que ça m'avait libérée et permis de faire plus de choses. Je ne pense pas que j'aurais accompli ce que j'ai accompli si j'étais restée mariée. Sûrement pas. Et ça m'a permis de me faire des amis que je n'aurais jamais eus autrement. »

Les lecteurs de Martha comprennent son divorce, la souffrance qu'il a pu lui causer comme ses bons côtés. Ils l'ont accompagnée dans cette épreuve, de même qu'ils l'ont accompagnée dans ses tractations avec la Commission de réglementation et de contrôle des marchés financiers, dans sa tournée internationale, dans son triomphe à Wall Street. Cette relation entre Martha et ses lecteurs est beaucoup plus complexe que ne pourraient le laisser penser les nombreuses parodies et plaisanteries dont elle est la cible. « Si les fans ne poussent pas sur les arbres (enfin, même s'il y en a sur les carottes…), on en trouve partout en Amérique : dans les centres commerciaux, dans les Kmart, dans les banlieues pavillonnaires et les parcs à caravanes, dans les maisons sur pilotis, dans les résidences de luxe et dans les camping-cars, fait dire à Martha le parodique *Martha Stuart sait recevoir mieux que vous* publié par HarperCollins.

Partout où il y a des femmes insatisfaites de leur vie, de ce qu'elles sont et de ce qu'elles ne sont pas, c'est là que se trouve le réservoir potentiel de mes fans. » Ces parodies elles-mêmes sont intéressantes : trop crasses, d'une misogynie cartoonesque (les représentations de Martha en sous-vêtements constituent un motif récurrent dans d'innombrables parodies sur Internet), bizarrement crispées (« L'art et la manière d'affûter son rasoir comme pour une circoncision » est l'un des sous-chapitres de *Martha Stuart sait recevoir mieux que vous*), étrangement embarrassées, un peu trop agressivement enclines à ostraciser un nombre assez considérable de femmes en se moquant de leur situation et de leurs aspirations.

Il y a là quelque chose qui est perçu comme une menace, et un simple coup d'œil au « Site NON OFFICIEL ! », dont le centre d'intérêt subliminal se situe ailleurs que dans les compétences ménagères, permet de deviner de quoi il s'agit. Ce qui fait de Martha « un bon modèle à suivre à de nombreux égards », écrit un contributeur, c'est que « c'est une femme puissante, qui est aux commandes, et elle a vraiment changé la façon dont notre pays, sinon le monde entier, envisage ce qu'on appelait autrefois "le travail des femmes" ». Une petite fille de onze ans : « Avoir du succès c'est important dans la vie. (…) C'est rigolo de dire : "Quand je serai Martha Stewart j'aurai tout pareil que Martha." » Même une internaute qui reconnaît avoir un « tempérament foncièrement anti-Martha » admire son « intelligence » et sa « détermination », la façon dont cette « cuisinière, pâtissière, jardinière, décoratrice, artiste et femme d'affaires hors pair » a montré le courage qu'il fallait « pour arriver là où elle est, à un niveau que la plupart des hommes n'atteignent jamais et ne peuvent pas atteindre. (…) Elle possède sa propre entreprise, à son propre nom, son propre magazine, sa propre émission ».

Tout le site est imprégné d'une curiosité et d'une admiration particulières pour sa sagacité en affaires. « Je sais que les gens se sentent menacés par Martha et Time Warner Inc. va gâcher une très "bonne chose" si jamais ils laissent Martha et son empire leur filer entre les doigts dans un avenir proche, écrivait une contributrice du "Site NON OFFICIEL !" à l'époque où Stewart essayait de racheter son indépendance vis-à-vis de Time Warner. Je soutiens Martha dans tout ce qu'elle fait et je parie que si un homme voulait apposer son nom sur tout ce qu'il aurait créé (…) ça ne poserait pas le moindre problème. » Ce sont les mots des lecteurs et des téléspectateurs de Martha eux-mêmes qui racontent l'histoire qu'elle leur inspire : Martha est *aux commandes*, Martha est arrivée à *un niveau que la plupart des hommes n'atteignent jamais et ne peuvent pas atteindre*, Martha a *son propre magazine*, Martha a *sa propre émission*, Martha non seulement *possède sa propre entreprise* mais en plus celle-ci est *à son propre nom*.

Ce n'est pas l'histoire d'une femme qui a tiré le meilleur parti de certains talents traditionnels. C'est l'histoire d'une femme qui a géré sa propre introduction en Bourse. C'est l'histoire du « courage d'une femme », l'histoire de celle-qui-a-survécu-aux-grandes-tempêtes-de-sable, l'histoire de celle-qui-a-enterré-son-enfant-sur-la-piste-des-pionniers, l'histoire de celle qui a dit jamais-plus-je-ne-connaîtrai-la-faim, l'histoire de Mildred Pierce[1], l'histoire qui raconte comment même les femmes dépourvues de la moindre qualification professionnelle peuvent triompher grâce à leur seul culot ; l'histoire qui depuis toujours donne du courage aux femmes de ce pays, et menace les hommes. Les rêves et les craintes dans lesquels puise Martha ont trait non pas à la vie domestique « féminine » mais à la puissance des femmes, à la femme qui s'assoit à la table des hommes et qui, sans ôter son tablier, rafle la mise.

2000

---

1. *Mildred Pierce* : roman de James M. Cain (1941) narrant les aventures d'une mère de famille de la classe moyenne confrontée à la Grande Dépression dans le Los Angeles des années 1930.

CRÉDITS

Tous nos remerciements vont aux éditeurs, revues et magazines suivants, pour leur autorisation de publier des textes auparavant parus, en langue originale, dans leurs colonnes :

« Certaines femmes » a été originalement publié comme préface à l'ouvrage *Some Women* de Robert Mapplethorpe (© Joan Didion, 1989, pour la préface) et paraît dans cet ouvrage avec l'autorisation de Little, Brown and Company, une maison de Hachette Book Group, Inc. « Le coureur de fond » a originalement paru comme avant-propos à *The Long-Distance Runner* de Tony Richardson (© Joan Didion, 1993, pour la préface) et est publié dans cet ouvrage avec l'autorisation de HarperCollins Publishers.

Une version réduite de « La jolie Nancy » a paru dans *The White Album* (1979), « Pourquoi j'écris » a été publié dans l'anthologie *The Writer on Her Work*, éditée par Janet Sternberg et publiée en 1980.

Les textes suivants ont d'abord paru dans le *Saturday Evening Post* : « Alicia et la presse underground », « Atteindre la sérénité », « Une visite à Xanadu », « Une lettre de refus », « La jolie Nancy », « Pères, fils, aigles rugissants ». « Pourquoi j'écris » a d'abord été publié par *The New York Times Magazine* ; « Raconter des histoires » par *New West* ; et enfin « Derniers mots » et « Madame-tout-le-monde.com » par *The New Yorker*.

Table

JOAN DIDION
au Livre de Poche

Le Livre de Poche s'engage pour
l'environnement en réduisant
l'empreinte carbone de ses livres.
Celle de cet exemplaire est de :
150 g éq. CO_2
Rendez-vous sur
www.livredepoche-durable.fr

**PAPIER À BASE DE
FIBRES CERTIFIÉES**

Composition réalisée par PCA

———————

Achevé d'imprimer en France par
CPI BRODARD & TAUPIN (72200 La Flèche)
en août 2023
N° d'impression : 3054118
Dépôt légal 1re publication : août 2023
LIBRAIRIE GÉNÉRALE FRANÇAISE
21, rue du Montparnasse – 75298 Paris Cedex 06